漁樵問對注疏

《漁樵問對》注疏

（宋）邵雍 著
王實 注疏

文物出版社

圖書在版編目（CIP）數據

《漁樵問對》注疏 /（宋）邵雍著；王實注 . -- 北京：文物出版社，2023.10（2024.8 重印）
ISBN 978-7-5010-8215-5

Ⅰ . ①漁…　Ⅱ . ①邵… ②王…　Ⅲ . ①古典哲學－研究－中國－北宋　Ⅳ . ① B244.31

中國國家版本館 CIP 數據核字（2023）第 194079 號

《漁樵問對》注疏

著　　者：（宋） 邵雍　著　王實　注疏

責任編輯：賈東營
封面設計：王文嫻
責任印製：王　芳
題寫書名、封底及書脊印章：康默如

出版發行：文物出版社
社　　址：北京市東城區東直門內北小街 2 號樓
郵政編碼：100007
網　　址：http://www.wenwu.com
經　　銷：新華書店
印　　刷：文物出版社印刷廠有限公司
開　　本：787mm × 1092mm　1/16
印　　張：13
版　　次：2023 年 10 月第 1 版
印　　次：2024 年 8 月第 3 次印刷
書　　號：ISBN 978-7-5010-8215-5
定　　價：188.00 元

目録

序言一

《漁樵問對》爲北宋著名哲學家邵雍所作。邵雍（一〇一一－一〇七七年）字堯夫，謚康節，共城（今河南宓縣東北）人。他生活於宋真宗、宋仁宗、宋英宗以及宋神宗時期。史稱他精通《周易》占驗如神，與當時著名的士大夫司馬光、富弼、文彦博、周敦頤、張載、程顥、程頤等友善。司馬光曾與當時二十多位好友一起集資在洛陽城中購買一座園宅供其居住，邵雍將此宅第命名爲「安樂窩」，常與來訪者切磋學問談古論今。

邵雍是北宋五子之一，宋學中象數派的代表人物，主要著作有《皇極經世》《擊壤集》《漁樵問對》等。《皇極經世》中的《觀物内、外篇》是其哲學思想的代表作。他以《周易》爲基礎，融合儒、道、佛三家思想，創立一個龐大系統的宇宙觀體系，提出了「元會運世」的宇宙循環論和「皇帝王霸」的歷史觀，試圖解釋宇宙間的一切現象，在中國思想史上具有重要影響。《漁樵問對》是邵雍用對話的形式概括表達了其宇宙時空整體觀的主旨，可謂邵氏思想的精華所在。

《漁樵問對》通過漁者和樵子對話的方式，闡發宇宙萬物的陰陽化育之道和道德人生的秘密，核心思想是「天地之道備於人，萬物之道備於身，衆妙之道備於神，天下之能事畢矣」，邵雍借以展現天人之學的奧妙。《漁樵問對》中的主角是漁者，樵子是提問者也是傾聽者，所有的哲理都出自漁者之口，漁者儼然就是「道」的化身。對於這篇著作，宋代左圭編輯的《百川學海》叢書、明代徐必達編輯的《邵子全書》、明清之際黃宗羲的《宋元學案》與清代《四庫提要》均有收入。

本書作者王實先生研究《漁樵問對》多年，對於文字的訓詁和義理的解讀客觀精當。爲便於讀者的理解，注疏中引用大量古典文獻相互參照，將原文的奧蘊釋繹無餘，由此也見出注者紮實深厚的學術功底。在二〇二一年王實先生將《漁樵問對》的原文譯注爲現代漢語，泰國的泰僑燦川先生和徐子浩先生翻譯成泰語和英語在泰國出版，如今王實先生重新校訂整理了譯文和注釋，并且集多年的研究思考又能「探微觀旨」，用令人能够理解的語言道出邵雍先生所要表達的中國傳統文化之道的真諦，更令人欽佩。相信本書的出版，必將有助於對《漁樵問對》的研究工作以及對中國傳統文化的弘揚與發展。

趙法生

二〇二三年五月廿六日

趙法生教授簡介：趙法生博士，中國社會科學院世界宗教研究所研究員、儒教研究室主任。出版學術專著有《儒家超越思想的起源》《原始儒家人性論》，主編《大衆儒學經典叢書》，并在《哲學研究》《世界宗教研究》《文史哲》等刊物發表學術論文六十餘篇。

序言二

從亞洲腹地發展出的，有着五千年漫長歷史的中國傳統文化是一個博大精深的寶庫，這個寶庫不但屬於中國人民，也是整個亞洲人民共同的智慧結晶，在二十一世紀的今天我們應該從這個寶庫中發掘出人類發展的永恒規律并對今天亞洲乃至世界的發展提供文化的支撑。在現代科技的推動下，今日的世界已經是一個整體，各民族文化的溝通與協作纔是未來世界發展的主題，而人類各民族都應該以整體觀的視野去學習各個國家的優秀文化，以促進世界的和平交往與發展。

我是泰國華裔，算起來已經是第三代了，我的祖父母都來自於中國的廣東省潮州市。祖父來到泰國開創多種事業，家族逐漸繁衍壯大，他時常教導子孫要傳承我們祖先的文化、感恩我們生活的土地，因此我的祖父一直努力为社會創建公益的事業。比如泰國華僑報德善堂（Por Teck Tung Foundation）的成立，我的家族就是其中的重要参与者。因其爲社會所提供的諸多幫助而取得泰國社會的廣泛接受。

泰國也是一個具有深厚文化傳統與文化多樣性的國家。泰國在東南亞具有重要的地理位置，這也決定了泰國必將在整個亞洲的發展中起到重要的作用。泰國王室對海外華人一視同仁，給予了我們如菩薩般的慈悲。泰國的發展是和平與包容的，我也看到中國文化的本質是和平與共榮。隨着中國的和平崛起，泰國人民對中國文化的興趣不斷加强，中泰之間也有許多高水平的文化交流活動。多年來，在我所經歷的中泰文化交流中，中國的王實先生與泰國的泰僑燦川先生、徐子浩先生、蔡瑞芝女士，他們對中國文化的理解深度與嚴謹的工作態度給我留下深刻的印象。當我聽説王實先生將要把中國歷史上的重要文獻《漁樵問對》注釋講解出版發行，能够爲此有意義的事業貢獻一份微薄的力量，也是我的榮幸。僅此，祝願中泰兩國的文化交流日益深入、中泰兩國人民的友誼世代長存！

鄭偉立

二零二三年五月

邵雍觀物學研究（代序）

邵雍，字堯夫，自號安樂先生、伊川翁，謚康節，他生活在北宋中期真宗、仁宗、英宗和神宗時代，《漁樵問對》是先生的名著。本書采用宋代百川學海叢書版爲底本進行注疏。原書名《漁樵對問》，後世流傳至今書名已變爲《漁樵問對》。從形式上講，「對問」强調邏輯，「問對」兼顧意趣，所幸在歷史沿革中此書内容并未改變，故本書以今人通行之《漁樵問對》名之。

《漁樵問對》的主旨在於探討如何觀物的學問，那麽何謂觀物之學呢？就是我們如何看待這個世界，然後如何與之相處的學問。如果説這一命題是貫穿每個人一生的必要之學也并非過分。事實上，對此問題的認識深度和在實踐中與道契合的程度，也就是人生境界的高下之别。面對邵雍先生對此人生根本命題的探索與闡發，我們深表敬意，故此按照中國古人的慣例，本書以下我們尊稱作者爲：邵子。

自春秋以降，中國思想體系的發展歷經兩漢經學、魏晉玄學、唐代佛學之後，北宋年間的邵子是將中國思想體系中的時空整體觀思維方式之「道」重新整理闡發并且提出具體實踐方法的聖賢之一。其學術思想影響了之後一千年至今的亞洲思想體系和社會發展的歷史。邵子以及其他四位與之同時代的學者被後世稱爲「北宋五子[一]」，後世并稱他們的學問爲「理學」。而「理學」這一稱謂也反映出了後世對他們學術思想理解的局限性。中國傳統思想體系的目標從來都是「道」，何可以「理」代之？！「道」雖不可用語言以盡述，但它所指代的那個萬物一體而又體無定體的時空整體觀，是部分與整體、精神與物質、時間與空間的合體，有如源頭活水總能不斷來路。「道」可以用不同的方式描述模擬，但任何試圖將部分與整體、物質與精神、時間與空間割裂來看的傾向，都會是蒙蔽人們認識道之整體的歧途。没有道理的規矩不能支撑現實生活，没有無我的心態不能觀得事物本相，心、理合一豈可偏廢？！「理學」一脈在後世逐漸被稱爲「程朱理學」，發展到南宋，理學家們更加系統的認爲有一種獨立存在的主宰人類社會的普遍原則被稱爲「理」，固執的將「存天理，滅人欲」理想化、教條化。元代以後朱著被納入了官學體系，「理學」這個概念演變爲被統治階級所利用

〔一〕北宋五子：北宋五子是指北宋周敦頤、邵雍、張載、程顥、程頤。他們對北宋哲學思想的發展起了重要作用。周敦頤爲宋代學術體系的開山之祖，《太極圖説》爲其代表作；邵雍爲北宋先天象數學的創立者，他把宇宙發生的過程用「象」和「數」的方法進行模擬與演算；張載發展了「氣一元論」的思想，爲中國古代辯證法「兩一」學説的集大成者；二程（顥、頤）爲北宋理學的奠基者，建立了系統的以精神性的「理」爲核心的學説體系。

的「以理制欲」，更加偏重於爲統治者而不是從中國傳統文化之「道」的整體觀發聲。雖然前有南宋陸九淵「發明本心、我注六經六經注我」[二]，後有明代王守仁「知行合一、致良知」[三]，再有明清之際李顒試圖調和「心」「理」的「明體適用」[四]，終究難以輓回社會思潮漸趨偏狹的大勢，自清代乾嘉以後西學東漸，不過百年已是華夏陸沈不堪回首。縱觀歷史，每一個有着深厚文化底蘊的社會體系的崩潰，本質都不是由於外部的力量造成的，必是由其內部制度喪失了先進性，外部力量纔能乘虚而入。制度的先進性來自於社會思想體系的高度，思想體系的高度必然決定於對世界整體的理解程

〔二〕　發明本心、我注六經六經注我：是南宋哲學家、教育家陸九淵（字子静）先生的核心教育學説。發明本心，也稱「簡易功夫」，他認爲要學爲人首先要發明本心，就是要存心、養心、求放心，即自我反省、自我認識和自我完善的提高修養；我注六經六經注我，是既要能够深思詳審六經的本意又要能够將六經之意融會貫通應時而變的運用於當下。

〔三〕　知行合一、致良知：是明代哲學家、政治家、軍事家王守仁（號陽明）先生的心學主旨。知行合一，是要在念起之時就要斷絶不善；致良知，此語本出自《孟子·盡心上》孟子曰「人之所不學而能者，其良能也；所不慮而知者，其良知也。孩提之童，無不知愛其親者；及其長也，無不知敬其兄也。親親，仁也；敬長，義也。無他，達之天下也。」；《大學》中也有「致知在格物」之語，王守仁認爲「良知」即是道德意識，也是最高的本體。良知是人人具有、個個自足的，是一種不假外力的內在力量。「良知」是知是知非的智，「致」是在事上磨練，「致良知」就是在實際行動中實現良知的知行合一。

〔四〕　明體適用：是明末清初哲學家李顒的核心主張，李顒（字中孚，號二曲），早年喪父篤志好學，全靠自學磨練終成一代宗師，曾與孫其逢、黄宗羲并稱海內三大泓儒。其主張兼采朱熹、陸九淵兩派，重視實學體用兼顧，提出「明道存心以爲體，經世宰物以爲用」，將「格物致知」的「物」擴充到禮、樂、兵、刑、賦、役、農、屯乃至西洋之學。

度。所謂制度的先進性，就是一個制度能够在多大的程度上順應天地自然人文的發展規律，然後又能在多大的程度上落實到社會生活的方方面面時時刻刻。研究如何認識天地自然人文的時空規律以及如何指導社會實踐的方法，纔是邵子的觀物之學。

邵子所闡述的觀物之學，是體察事物存在的合理性、分辨事物個體的獨特性、判斷事物整體發展過程的週期性，必要此三者統籌然後再付諸行動的方法。也就是對「事理、特性、命運」綜合判斷的學問。既不是祇講事理，也不是空談理想；既不是没有底綫的放任個性，也不是放棄主觀能動性的宿命論。在邵子之後的一千年中，這種思維方式首先被簡單化的理解爲事理與理想的關係，然後再被固化爲教條式的制度説教。自宋明以後，理學之風使中國思想體系逐漸失去創造性的本質原因就是失去了對「理、性、命」綜合觀察的整體思維方式。如此我們就能明白，爲什麽朱熹臨終發出一生辛苦的感嘆；萬曆十五年後大明王朝再無能够實事求是解決問題的朝臣；乾隆皇帝那麽輕率的對待西方使者；民國以來多少學貫中西的大家都無法整合國人的思想形成合力……可見，他們自身既没有得到孔顏之樂，同時也把整個民族的思想帶入日趨狹隘教條的路上。隨着近幾百年來西方學科分類概念在全球的風靡，在今日所謂物理學之理的指導之下，科技手段有了空前巨大的發展，這些科技手段又與資本相結合，在全球範圍内大有把這個世界再驅趕回叢林法則的態勢。如果這真的成爲現實，那麽這一次人類的命運將不會再操之於己手。

中國文化的傳承是以漢字爲載體的，而漢字本身是來源於對自然萬物的概括與模擬，所以漢字體系除了表音功能以外還包含有事物發展的空間規律，換句話説就是表現爲二維的漢字藴含着三維信息的立體表達能力，當把單個漢字聯繫起來以後，漢字語言體系能够更容易的通達更高維度時空的思想境界。在現存世界大的文化體系中，具備這種能力的文字系統，漢字可以説是唯一的存在。這世界其他民族的文字系統多是以表音爲主要形式的存在，是以人爲確定的字母組合來表達含義。這種文字體系在進行形式邏輯與實證邏輯的思考時相對直接和便利，所以西方人在擺脱中世紀的宗教枷鎖之後能够迅速發展起對事物之理的分科之學，但對事物「性」與「命」的研究，就不是分科之學了，是個體與整體之間、是一個部分與完整發展週期之間的關係，這是無法用算法來窮盡的狀態描述，顯然這是一種不但需要三維空間的實證能力還需要以更高維度視角去觀察纔能够做到的思維方法。這也就是許多具備時空智慧的中國詞彙無法翻譯成字母文字的原因，比如：道、德、無爲、緣分、悟性、自在等等。語言是思想的符號，一種語言體系的本身就是一種認識世界的方法論。這種具備時空整體觀的思維能力，纔是中國思想體系中最有價值和最應被珍惜的内核。如果放任語言文字能力的退化，中華傳統文化體系的傳承將成爲無源之水無本之木，在此潛移默化的長期作用之下，會逐漸使整個社會的思維能力從高維智慧退化到低維之中，這是最令人惋惜之事。對邵子觀物學研究的意義就在於喚起觀物者更高維度的思考能力，用現代語言表述出來就是：觀物要綜合研究事物的「理、性、命」纔能看清整體，這不僅包含事物在某一狀態下的物理規律，還要包括事物在發生發展過程中的獨特性與週期性的時間規律。當中國人能够打破這千年以來祇重「理」不重「性」與「命」的思想禁錮，以漢字爲載體的中華文明體系就會發揮出其本有的先天優勢。而在日用白話文以外加强對漢字源流和傳統經典文言文的學習，是最直接有效的使國人恢復高維思考能力的辦法。

時空整體觀思想體系退化的另一個重要原因是理論與實踐的脱節。任何一種理論如果離開落實的方法都是空中樓閣；反之，任何一種努力如果没有正確的目標最終都是白費力氣。而邵子的可貴之處就在於他能够把時空整體觀的思維方式與處事的具體方法貫通一氣落到實處。如果説自三代傳承下來的六經是中國思想體系形而上的理論基礎，那麽邵子就是把這種思想體系怎樣運用到生活實際之中講清楚的人。邵子在此所討論的觀物命題是觀物與處事的總稱。「觀」指人們在作出決定開始行動之前對事物的認知，「物」既是指事物本身，又代表了與事物發生關係的過程，邵子之觀物論是思想與行爲的一體兩面不可偏廢。當思考的方向確定之後，就是如何面對具體的事物。今天的社會大衆對「實事求是」的理解往往祇是具體問題具體分析，我們認爲對實事求是的理解起碼應該具備三個方面：對歷史循環的經驗教訓求是、對個體利益與整體利益的戰略平衡求是、對具體問題的具體分析求是，能够周密詳審出入無礙，纔堪經國濟世之才。邵子之全面考察事物「理、性、命」的整體，然後「以不我物之心以物觀物」的具體方法，堪稱全面實事求是的操作手册。若此方法能够成爲社會的共識，那麽每一個處事者就不會祇是情緒化的活在自我的小世界裏，生命的旅程將變爲豁達、開放、自覺覺他的過程。一個人若能如此觀物，那一集體又何嘗不欣欣向榮；一國人若能如此觀物，那一社會又何嘗不和諧昌盛；一世界若能如此觀物，那人類之未來又何樂而不生？！用邵子自己的話説就是：「自從會得環中意，閒氣胸中一點無[五]」；在藝術與審美上就如與邵子同時代的蘇東坡所説：「誰言一點紅，解寄無邊春[六]」。

如果超出邵子及其之後的時代縱看歷史，幾千年來多少仁人志士或殫精竭慮或大聲疾呼，始終無法輓回中國思想時空整體觀這個核心一再被曲解、偷換、甚至被打倒，王朝式的循環魔咒始終禁錮着國人，歷代統治者爲維護一人一家之私，變本加厲的嚮利己的方向解釋道統的內容，直至近百年來終於物極必反，招致人民無差別的憎恨與厭棄。我們用如此長的時間和各種慘痛的代價來消化這種情緒所帶來的惡果，實在令人浩嘆。如今，當人民成爲江山的主人，穩定的社會得到延續，民衆的情緒經過沈澱，國人終將認真的反思中國道統的核心思想，去僞存真復歸本源。如此看來，英

[五] 自從會得環中意，閒氣胸中一點無：出自邵雍《伊川擊壤集·卷之七·閒行吟》「長憶當年掃弊廬，未嘗三徑草荒蕪。欲爲天下屠龍手，肯讀人間非聖書。否泰悟來知進退，乾坤見了識親疎。自從會得環中意，閒氣胸中一點無。」。

[六] 誰言一點紅，解寄無邊春：出自宋代蘇軾《書鄢陵王主薄所畫折枝二首（其一）》「論畫以形似，見與兒童鄰。賦詩必此詩，定知非詩人。詩畫本一律，天工與清新。邊鸞雀寫生，趙昌花傳神。何如此二幅，疎淡含精勻。誰言一點紅，解寄無邊春。」。

國劍橋大學李約瑟先生的百年之問〔七〕和湯因比先生對未來世界認知體系的展望〔八〕，此兩人之思考其實是一事之兩面。中華文明以法天則地爲追求目標的思想傳承體系必將爲人類的永續發展提供更好的解決方案。

今日之世界，人類在信息處理、生物工程、材料科學等諸多方面都處在將要深刻改變世界面貌的門檻之上，但人類在精神境界的提升方面遠遠滯後於科學技術的發展。精神境界與科學技術好比拱門之兩柱撐起人類的生存空間，當一根柱子無限高大，拱門必將倒塌，世界將不復爲人類之世界。未來，無論是由人類獨自領導還是人類與其他生命形式共同管理這個世界，觀物然後進行決策以圖

〔七〕　李約瑟難題：是由英國學者李約瑟（Joseph Needham，一九〇〇－一九九五）提出的，他在其編著的15卷《中國科學技術史》中正式提出此問題，其主題是：「儘管中國古代對人類科技發展做出了很多重要貢獻，但爲什麽科學和工業革命没有在近代的中國發生？」一九七六年，美國經濟學家肯尼思·博爾丁稱之爲李約瑟難題。李約瑟難題又稱爲李約瑟之謎、李約瑟之問。「李約瑟之問」是中國學研究領域的核心課題之一。

〔八〕　湯因比先生對未來世界認知體系的展望：阿諾德·約瑟夫·湯因比（Arnold Joseph Toynbee，一八八九－一九七五），英國著名歷史學家，他曾被譽爲「近世以來最偉大的歷史學家」。他試圖以其12册的巨著《歷史研究》揭開文明興衰的謎題，啓發人類對未來道路的探索。湯因比也直言不諱地預言：未來最有資格和最有可能爲人類社會開創新文明的是中國，中華文明將一統世界。

發展是任何生命型態永恒的主題。隨着人類在技術研究領域的加速進步，各種解決問題的手段已經日益强大，在一些領域已經接近甚至遠超出人的生物性能力，但在漫長的歷史演進過程中，人類從來不是以生物性能力而取得優勢地位的。人類成爲萬物之靈的原因在於決策，是個體在整體觀智慧指導下的決策所形成的社會合力，纔是人之所以强於萬物的最終優勢。有人或言，未來我們將會面對在各方面機能都無比强大，而且這些機能都集於一身的物種。當它們没有産生自我意識的時候，無論功能多麽强大，它們仍然衹是工具；當他們産生自我意識之後，同樣要面對個體利益與整體發展之間的矛盾，這和人類統治世界的本質又有何不同？！孔子説「其或繼周者，雖百世可知也[九]」，邵子更加明言「何止千百世而已哉！億千萬世，皆可得而知之也」。如果我們能够通過對邵子觀物之法的學習，啓發更全面深入的時空整體觀的思考方式，纔會讓一切歷史的經驗教訓都成爲我們的借鑑；讓一切科學技術的手段都成爲人類覺悟心靈的工具。

近代，以資本擴張爲目的的急功近利確實促進了全球的融合，但資本并不關心生命本身，資本存在的意義衹在於增值，所以資本必然以全球資源爲目標、以對外擴張爲手段。其維繫社會的方法

［九］其或繼周者，雖百世可知也：出自《論語·爲政》：子張問：「十世可知也？」子曰：「殷因於夏禮，所損益，可知也；周因於殷禮，所損益，可知也；其或繼周者，雖百世可知也。」

是在獨立的個體之間建立以所謂科學爲基礎的契約關係。資本衹有拆散每個個體的整體意識纔能獲得最大限度的獨裁能力，從而保證其增值需要。其標榜的人權與自由的本質是爲資本的增值與擴張保駕護航的。這種主義产生的底層邏輯是出於滿足一小部分人類私心的制度設計，而資本最終也會將設計者無情吞噬。一個社會不可能以純粹的法的理性與個性的自由爲其生存發展的價值基礎，而世界的差异性也決定了不可能以同一種信仰作爲道德的標準。任何將自己的意志、習慣、道德强加於别人的作法都將偏離世界本來的發展規律，也必不能持久。由此長期積累的惡果已經展現在世人面前，今日人類社會的漸趨瘋狂、民族加劇對抗、自然不堪重負，如此等等已經是對人類的嚴厲警告。反觀中國思想體系天人合一萬物一體的境界是「情、理、法」并重的時空整體觀的思維方式；是以真正的平等觀看待人與人、人與物乃至萬事萬物之間關係的世界大同爲目標；是從個體通達社會、從歷史通達地域，上下貫通包含宇内的知行合一。惜哉，千年以降家國天下各懷其私，漸使道統失其全貌智慧受到蒙蔽。當此資本擴張霸權與永續發展理念在全球範圍内大競争的百年變局之時，正是志士仁人順天應時傳道授業之機。弘道在人君子自强，有此志者天必佑之。

中國文化講陰陽水、火、木、金、土五行的對峙與平衡，中國人認爲世界萬物是平等的衹在於轉化而已。源自於印度的佛教文化講地、水、火、風四大、六根六塵的世界組成，這是在説明從低維通達高維的路徑。佛教也講轉化，着重在於從低維嚮高維的轉化。就社會層面來講，本質上中國人不信仰宗教，中國人認爲一切都是在一個系統裏變換形態而已，所謂「變動不居，周流六虚[一〇]」的重點在於「周流」。佛教講「緣起性空，福慧來生[一一]」的重點在於去往更高維度的「來生」。從表現形式上看，這兩大文明體系都能保持社會型態的長期穩定。中國人是每個個體都在圖謀轉化的相互制衡而能穩定；印度文明是每個個體都在嚮往高維來生的各自爲政而能穩定。人類社會對現實世界的普遍理想是物質需求的極大豐富，實現這個目標的本質就是實現物質世界轉化能力的隨心所欲和諧共生，而這正是中國文化的基因優勢。從更長久的歷史發展週期看，衹有中國文化萬物一體制衡轉化的能力，纔能够既可以創造物質世界的極大豐富，又能够降服資本阻撓人類共同生存發展的企圖，達到人類共同的和諧與繁榮。衹要中國人能够各安其位各盡其職的穩步發展，實現人類物質極大豐富的目標必將是由中國文化引領的。對於印度文化中着重啟發高維智慧的部分，我們也應該借鑑學習，并給予足够的尊重。

[一〇] 變動不居，周流六虚：出自《周易·繫辭下》「《易》之爲書也不可遠，爲道也屢遷，變動不居，周流六虚，上下無常，剛柔相易，不可爲典要，唯變所適」。

[一一] 緣起性空，福慧來生：緣起性空，是佛教對現實世界存在的根本認識，是指世上的一切事物并非憑空而産生，不能獨立存在，必須依靠因緣條件的和合纔能産生，一旦因緣散失，事物本身也歸於烏有。所以從這個意義上講世上的一切事物又是自性本空的；福慧來生，是指佛教認爲通過提升智慧、積累福德能够達到超脱於物質束縛的圓滿永恒的涅槃境界。

當下所有的學習都是爲了創造更加美好的未來，而天下没有統一的教育方法適合所有的對象，也不可能使每個施教者都具有同樣的認識水平和技巧方法，那麽如何使道統延續呢？古人在漫長的教育實踐中已經認識到其中的關鍵所在：萬民各有其性，未來自有天命，惟以覺民行道爲目標，將時空整體觀的大道宣教於民，并身體力行的引導後代以此爲法，這也就是「自天子以至於庶人，一是皆以修身爲本〔一二〕」的具體含義。古諺有云：「不當家不知柴米貴，不養兒不知父母恩」，雖然用漫長的前半生被動瞭解個體與整體的關係也可以讓下一代的心靈得到提升，總不若能够主動的教之以道來的事半功倍。以漢字體系爲基礎，將完整的世界展現給下一代，教會他們時空整體觀的思考方法，然後就要相信他們有能力擔負起各自的責任，創造出更加美好的未來。如此，纔是施教者真正爲天下蒼生計的慈悲，更是當國持家者無愧良心的萬世功業。

癸卯仲春　王實記於京華

〔一二〕自天子以至於庶人，一是皆以修身爲本：出自《禮記·大學》「自天子以至於庶人，一是皆以修身爲本。其本亂而末治者，否矣。其所厚者薄，而其所薄者厚，未之有也。」

百川學海本[一]邵雍《漁樵對問》原文全本

[一]《百川學海》是南宋度宗咸淳九年（一二七三年）由左圭輯刊的一部叢書。叢書名取自漢代學者揚雄的《法言·學行》「百川學海爾至於海，丘陵學山不至於山，是故惡夫畫也」意指：衆多河流模倣海水流動不止，終於匯聚於海；丘陵倣效大山靜止不動，故不能成爲高山。所以（學者）不能畫地爲牢故步自封。《百川學海》叢書按照十天干爲序分爲十集，共計一百種百七十七卷。後由明代吴永又續三十集，至明末馮可賓又擴充十集。《百川學海》叢書是我國刊刻最早的叢書之一，《漁樵對問》是其甲集中的一卷。

漁樵對問

康節先生邵　雍　堯夫

漁者垂釣于伊水之上樵者過之弛檐息肩坐于磐石之上而問于漁者曰魚可鉤取乎曰然曰鉤非餌可乎曰否曰非鉤也餌也魚利食而見害人利魚而蒙利其利同也其害異也敢問何故漁者曰子樵者也與吾異治安得侵吾事乎然亦可以爲子試言之彼之利猶此之利也彼之害亦猶此之害也子知其小未知其大魚之利食吾亦利乎食也魚之害食吾亦害乎食也子知魚終日得食爲利又安知魚終日不得食不爲害如是則食之害也重而鉤之害也輕子知吾終日得魚爲利又安知吾終日不得魚不爲

害也如是則吾之害也重魚之害也輕以魚之一身當人之一食則魚之害多矣以人之一身當魚之一食則人之害亦多矣又安知釣乎大江大海則無易地之患焉魚利乎水人利乎陸水與陸異其利一也魚害乎餌人害乎財餌與財異其害一也又何必分乎彼此哉子之言體也獨不知用爾樵者又問曰魚可生食乎曰烹之可也曰必吾薪濟子之魚乎曰然曰吾知有用乎子矣曰然則子知子之薪能濟吾之魚不知子之薪所以能濟吾之魚也薪之能濟魚久矣不待子而後知苟世未知火之能用薪則子之薪雖積丘山獨且奈何哉樵者曰願聞其方曰火生于動水生于靜動靜之相生水火之相息水火用也草

木體也用生于利體生于害利害見乎情體用隱乎性一性一情聖人成能子之薪猶吾之魚微火則皆爲腐臭朽壞而無所用矣又安能養人七尺之軀哉樵者曰火之功大于薪固已知之矣敢問善灼物何必待薪而後傳漁者曰薪火之體也火薪之用也火無體待薪然後爲體薪無用待火然後爲用是故凡有體之物皆可焚之矣曰水有體乎曰然曰火能焚水乎曰火之性能迎而不能隨故滅水之體能隨而不能迎故熱是故有温泉而無寒火相息之謂也曰火之道生于用亦有體乎曰火以用爲本以體爲末故動水以體爲本以用爲末故静是火亦有體水亦有用也故能相濟又能相息非獨水火則然天下之

事皆然在乎用之何如爾樵者曰用可得聞乎曰可以意得者物之性也可以言傳者物之情也可以象求者物之形也可以數取者物之體也用也者妙萬物爲言者也可以意得而不可以言傳曰不可以言傳則子惡得而知之乎曰吾所以得而知之者固不能言傳非獨吾不能傳之以言聖人亦不能傳之以言也曰聖人既不能傳之以言則六經非言也耶曰時然後言何言之有樵者贊曰天地之道備于人萬物之道備于身衆妙之道備于神天下之能事畢矣又何思何慮吾而今而後知事心踐形之爲大不及子之門則幾至于殆矣乃析薪烹魚而食之飫而論易

漁者與樵者遊于伊水之上漁者歎曰熙熙乎萬物

之多而未始有雜吾知遊乎天地之間萬物皆可以無心而致之矣非子則吾孰與歸焉樵者曰敢問無心致天地萬物之方漁者曰無心者無意之謂也無意之意不我物也不我物然後能物物曰何謂我何謂物曰以我徇物則我亦物也以物徇我則物亦我也我物皆致意由是明天地亦萬物也何天地之有焉萬物亦天地也何萬物之有焉萬物亦我也何萬物之有焉我亦萬物也何我之有焉何物不我何我不物如是則可以宰天地可以司鬼神而況於人乎況於物乎

樵者問漁者曰天何依曰依乎地地何附曰附乎天曰然則天地何依何附曰自相依附天依形地附氣

其形也有涯其氣也無涯有無之相生形氣之相息終則有始終始之間其天地之所存乎天以用爲本以體爲末地以體爲本以用爲末利用出入之謂神名體有無之謂聖唯神與聖能參乎天地者也小人則日用而不知故有害生實喪之患也夫名也者實之客也利也者害之主也名生于不足利喪于有餘害生于有餘實喪于不足此理之常也養身者必以利貪夫則以身徇利故有害生焉立身必以名衆人則以身徇名故有實喪焉竊人之財謂之盗其始取之也唯恐其不多也及其敗露也唯恐其多矣夫賄之與贓一物也而兩名者利與害故也竊人之美謂之徼其始取之也唯恐其不多也及其敗露也唯恐

其多矣夫譽與毀一事也而兩名者名與實故也凡言朝者萃名之所也市者聚利之地也能不以爭處乎其間雖一日九遷一貨十倍何害生實喪之有耶是知爭也者取利之端也讓也者趨名之本也利至則害生名興則實喪利至名興而無害生實喪之患唯有德者能之天依地地附天豈相遠哉

漁者謂樵者曰天下將治則人必尚行也天下將亂則人必尚言也尚行則篤實之風行焉尚言則詭譎之風行焉天下將治則人必尚義也天下將亂則人必尚利也尚義則謙讓之風行焉尚利則攘奪之風行焉三王尚行者也五覇尚言者也尚行者必入于義也尚言者必入于利也義利之相去一何如是之

遠耶是知言之于口不若行之于身行之于身不若盡之于心言之于口人得而聞之行之于身人得而見之盡之于心神得而知之人之聰明猶不可欺况神之聰明乎是知無愧于口不若無愧于身無愧于身不若無愧于心無口過易無身過難無身過易無心過難既無心過何難之有吁安得無心過之人與之語心哉

漁者謂樵者曰子知觀天地萬物之道乎樵者曰未也願聞其方漁者曰夫所以謂之觀物者非以目觀之也非觀之以目而觀之以心也非觀之以心而觀之以理也天下之物莫不有理焉莫不有性焉莫不有命焉所以謂之理者窮之而後可知也所以謂之

性者盡之而後可知也所以謂之命者至之而後可知也此三知者天下之眞知也雖聖人無以過之也而過之者非所以謂之聖人也夫鑑之所以能爲明者謂其能不隱萬物之形也雖然鑑之能不隱萬物之形未若水之能一萬物之形也雖然水之能一萬物之形又未若聖人之能一萬物之情也聖人之所以能一萬物之情者謂其聖人之能反觀也所以謂之反觀者不以我觀物也不以我觀物者以物觀物之謂也既能以物觀物又安有我於其間哉是知我亦人也人亦我也我與人皆物也此所以能用天下之目爲己之目其目無所不觀矣用天下之耳爲己之耳其耳無所不聽矣用天下之口爲己之口其口

無所不言矣用天下之心爲已之心其心無所不謀矣夫天下之觀其于見也不亦廣乎天下之聽其于聞也不亦遠乎天下之言其于論也不亦高乎天下之謀其于樂也不亦大乎夫其見至廣其聞至遠其論至高其樂至大能爲至廣至遠至高至大之事而中無一爲焉豈不謂至神至聖者乎非唯吾謂之至神至聖者乎而天下謂之至神至聖者乎非唯一時之天下謂之至神至聖者乎而千萬世之天下謂之至神至聖者乎過此以往未之或知也已

樵者問漁者曰子以何道而得魚曰吾以六物具而得魚曰六物具也豈由天乎曰具六物而得魚者人也具六物而所以得魚者非人也樵者未達請問其

方漁者曰六物者竿也綸也浮也沉也鈎也餌也一不具則魚不可得然而六物具而不得魚者非人也六物具而不得魚者有焉未有六物不具而得魚者也是知具六物者人也得魚與不得魚者天也六物不具而不得魚者非天也人也

樵者曰人有禱鬼神而求福者福可禱而求耶求之而可得耶敢問其所以曰語善惡者人也禍福者天也天道福善而禍淫鬼神其能違天乎自作之咎固難逃已天降之災禳之奚益脩德積善君子常分安有餘事於其間哉樵者曰有爲善而遇禍有爲惡而獲福者何也漁者曰有幸與不幸也幸不幸命也當不當分也一命一分人其逃乎曰何謂分何謂命曰

小人之遇福非分也有命也當禍分也非命也君子之遇禍非分也有命也當福分也非命也

漁者謂樵者曰人之所謂親莫如父子也人之所謂踈莫如路人也利害在心則父子過路人遠矣父子之道天性也利害猶或奪之況非天性者乎夫利害之移人如是之深也可不慎乎路人之相逢則過之固無相害之心焉無利害在前故也有利害在前則路人與父子又奚擇焉路人之能相交以義又何況父子之親乎夫義者讓之本也利者爭之端也讓則有仁爭則有害仁與害何相去之遠也堯舜亦人也桀紂亦人也人與人同而仁與害異爾仁因義而起害因利而生利不以義則臣弒其君者有焉子弒其

父者有焉豈若路人之相逢一目而交袂于中逵者哉
樵者謂漁者曰吾甞負薪矣舉百斤而無傷吾之身
加十斤則遂傷吾之身敢問何故漁者曰樵則吾不
知之矣以吾之事觀之則易地皆然吾甞釣而得大
魚與吾交戰欲棄之則不能捨欲取之則未能勝終
日而後獲幾有没溺之患矣非直有身傷之患耶魚
與薪則異也其貪而爲傷則一也百斤力分之内者
也十斤力分之外者也力分之外雖一毫猶且爲害
而况十斤乎吾之貪魚亦何以異子之貪薪乎樵者
嘆曰吾而今而後知量力而動者智矣哉
樵者謂漁者曰子可謂知易之道矣吾敢問易有太
極太極何物也曰無爲之本也太極生兩儀兩儀天

地之謂乎曰兩儀天地之祖也非止爲天地而已也太極分而爲二先得一爲一後得一爲二一二謂兩儀曰兩儀生四象四象何物也曰大象謂陰陽剛柔有陰陽然後可以生天有剛柔然後可以生地立功之本於斯爲極曰四象生八卦八卦何謂也曰謂乾坤離坎兑艮震巽之謂也迭相盛衰終始於其間矣因而重之則六十四由是而生也而易之道始備矣樵者問漁者曰復何以見天地之心乎曰先陽已盡後陽始生則天地始生之際中則當日月始周之際末則當星辰始終之際萬物死生寒暑代謝晝夜遷變非此無以見之當天地窮極之所必變變則通通則久故象言先王以至日閉關商旅不行后不省方

順天故也
樵者謂漁者曰無妄災也敢問其故曰妄則欺也得之必有禍斯有妄也順天而動有禍及者非禍也災也猶農有思豐而不勤稼穡者其荒也不亦禍乎農有勤稼穡而復敗諸水旱者其荒也不亦災乎故象言先王以茂對時育萬物貴不妄也
樵者問曰姤何也曰姤遇也柔遇剛也與夬正反夫始逼壯姤始遇壯陰始遇陽故稱姤焉觀其姤天地之心亦可見矣聖人以德化及此罔有不昌故象言施命告四方履霜之慎其在此也
漁者謂樵者曰春爲陽始夏爲陽極秋爲陰始冬爲陰極陽始則温陽極則熱陰始則凉陰極則寒温則

生物熱則長物涼則收物寒則殺物皆一氣其別而
爲四焉其生萬物也亦然
樵者問漁者曰人之所以能靈于萬物者何以知其
然耶漁者對曰謂其目能收萬物之色耳能收萬物
之聲鼻能收萬物之氣口能收萬物之味聲色氣味
者萬物之體也目耳鼻口者萬人之用也體無定用
惟變是用用無定體惟化是體體用交而人物之道
于是乎備矣然則人亦物也聖亦人也有一物之物
有十物之物有百物之物有千物之物有萬物之物
有億物之物有兆物之物生一一之物當兆物之物
者豈非人乎有一人之人有十人之人有百人之人
有千人之人有萬人之人有億人之人有兆人之人

生一一之人當兆人之人者豈非聖乎是知人也者物之至者也聖也者人之至者也物之至者始得謂之物之物也人之至者始得謂之人之人也夫物之至者至物之謂也而人之至者至人之謂也以一至物而當一至人則非聖而何人謂之不聖則吾不信也何哉謂其能以一心觀萬心一身觀萬身一物觀萬物一世觀萬世者焉又謂其能以心代天意口代天言手代天工身代天事者焉又謂其能以上識天時下盡地理中盡物情通照人事者焉又謂其能以彌綸天地出入造化進退今古表裏人物者焉噫聖人者非世世而效聖焉吾不得而目見之也雖然吾不得而目見之察其心觀其跡探其體潛其用雖億

萬年亦可以理知之也人或告我曰天地之外別有天地萬物異乎此天地萬物則吾不得而知已非唯吾不得而知之也聖人亦不得而知之也凡言知者謂其心得而知之也言言者謂其口得而言之也既心尚不得而知之口又惡得而言之乎以心不可得知而知之是謂妄知也以口不可得言而言之是謂妄言也吾又安能從妄人而行妄知妄言者乎

漁者謂樵者曰仲尼有言曰殷因于夏禮所損益可知也周因于殷禮所損益可知也其或繼周者雖百世可知也夫如是則何止于百世而已哉億千萬世皆可得而知之也人皆知仲尼之爲仲尼不知仲尼之所以爲仲尼不欲知仲尼之所以爲仲尼則已如

其必欲知仲尼之所以爲仲尼則捨天地將奚之焉人皆知天地之爲天地不知天地之所以爲天地不欲知天地之所以爲天地則已如其必欲知天地之所以爲天地則捨動靜將奚之焉夫一動一靜者天地至妙者歟夫一動一靜之間者天地人至妙至妙者與是知仲尼之所以能盡三才之道者謂其行無轍跡也故有言曰予欲無言又曰天何言哉四時行焉百物生焉其此之謂與

漁者謂樵者曰大哉權之與變乎非聖人無以盡之變然後知天地之消長權然後知天下之輕重消長時也輕重事也時有否泰事有損益聖人不知隨時否泰之道奚由知變之所爲乎聖人不知隨時損益

之道奚由知權之所爲乎運消長者變也處輕重者權也是知權之與變聖人之一道耳

樵者問漁者曰人謂死而有知有諸曰有之曰何以知其然曰以人知之曰何者謂之人曰目耳鼻口心膽脾腎之氣全謂之人心之靈曰神膽之靈曰魄脾之靈曰魂腎之靈曰精心之神發乎目則謂之視腎之精發乎耳則謂之聽脾之魂發乎鼻則謂之臭膽之魄發乎口則謂之言八者具備然後謂之人夫人也者天地萬物之秀氣也然而亦有不中者各求其類也若全得人類則謂之曰全人之人夫全類者天地萬物之中氣也謂之曰全德之人也全德之人者人之人者也夫人之人者仁人之謂也唯全人然後

能當之人之生也謂其氣行人之死也謂其形返氣行則神魂交形返則精魄存神魂行于天精魄返于地行于天則謂之曰陽行返于地則謂之曰陰返陽行則晝見而夜伏者也陰返則夜見而晝伏者也是故知日者月之形也月者日之影也陽者陰之形也陰者陽之影也人者鬼之形也鬼者人之影也人謂鬼無形而無知者吾不信也

漁者問樵者曰小人可絶乎曰不可君子稟陽正氣而生小人稟陰邪氣而生無陰則陽不成無小人則君子亦不成唯以盛衰乎其間也陽六分則陰四分陰六分則陽四分陽陰相半則各五分矣由是知君子小人之時有盛衰也治世則君子六分君子六分

則小人四分小人固不勝君子矣亂世則反是君君
臣臣父父子子兄兄弟弟夫夫婦婦謂各安其分也
君不君臣不臣父不父子不子兄不兄弟不弟夫不
夫婦不婦謂各失其分也此則由世治世亂使之然
也君子常行勝言小人常言勝行故世治則篤實之
士多世亂則緣飾之士衆篤實鮮不成事緣飾鮮不
敗事成多國興敗多國亡家亦由是而興亡也夫興
家與興國之人與亡國亡家之人相去一何遠哉
樵者問漁者曰人所謂才者有利焉有害焉者何也
漁者曰才一也利害二也有才之正者有才之不正
者才之正者利乎人而及乎身者也才之不正者利
乎身而害乎人者也曰不正則安得謂之才曰人所

不能而能之安得不謂之才聖人所以惜乎才之難者謂其能成天下之事而歸之正者寡也若不能歸之以正才則才矣難乎語其仁也譬猶藥之療疾也毒藥亦有時而用也可一而不可再也疾愈則速已不已則殺人矣平藥則常日而用之可也重疾非所以能治也能驅重疾而無害人之毒者古今人所謂良藥也易曰大君有命開國承家小人勿用如是則小人亦有時而用之時平治定用之則否詩云它山之石可以攻玉其小人之才乎

樵者謂漁者曰國家之興亡與夫才之邪正則固得聞命矣然則何不擇其人而用之漁者曰擇臣者君也擇君者臣也賢愚各從其類而爲柰何有堯舜之

君必有堯舜之臣有桀紂之君而必有桀紂之臣堯舜之臣生乎桀紂之世猶桀紂之臣生于堯舜之世必非其所用也雖欲爲禍爲福其能行乎夫上之所好下必好之其若影響豈待驅率而然耶上好義則下必好義而不義者遠矣上好利則下必好利而不利者遠矣好利者衆則天下日削矣好義者衆則天下日盛矣日盛則昌日削則亡盛之與削昌之與亡豈其遠乎在上之所好耳夫治世何嘗無小人亂世何嘗無君子不用則善惡何由而行也樵者曰善人常寡而不善人常衆治世常少而亂世常多何以知其然耶曰觀之於物何物不然譬諸五穀耘之而不苗者有矣蓬莠不耘而猶生耘之而求其盡也亦末

如之何矣由是知君子小人之道有自來矣君子見善則喜之見不善則遠之小人見善則疾之見不善則喜之善惡各從其類也君子見善則就之見不善則違之小人見善則違之見不善則就之君子見義則遷見利則止小人見義則止見利則遷遷義則利人遷利則害人利人與害人相去一何遠耶家與國一也其興也君子常多而小人常鮮其亡也小人常多而君子常鮮君子多而去之者小人也小人多而去之者君子也君子好生小人好殺好生則世治好殺則世亂君子好義小人好利治世則好義亂世則好利其理一也

釣者談已樵者曰吾聞古有伏羲今日如覩其面焉

拜而謝之及旦而去

漁樵對問

康節先生之學具於皇極經世是書實與觀物篇相出入刻而廣之以與同志共講焉後學趙　與旹　謹題

原文及注釋　現代漢語譯文　探微觀旨

第一段　原文及注釋

漁者（漁者：以打漁爲生的人，作者以此喻指智者）垂釣於伊水（伊水：在黄河南岸，是洛河的支流之一，源於熊耳山南麓的欒川縣陶灣鎮，流經嵩縣、伊川，經熊耳山南麓、伏牛山北麓，穿伊闕而入洛陽，東北至偃師注入洛河；另外，本文作者邵雍，自號伊川翁）之上，樵者（樵者：以打柴爲生的人，作者以此喻指仁者）過之，弛擔息肩坐於磐石之上，而問於漁者（樵者問於漁者：本文通篇以樵者與漁者的問答展開，看似是樵夫提問漁夫回答，其實他們兩者之間是相輔相成的一對，就像事物的本质与表象，两者是事物不可或缺的一體兩面。《論語・雍也》：子曰：「知（讀zhi第四聲，通智之意）者樂水，仁者樂山；知者動，仁者静；知者樂，仁者壽。」，「智」「仁」不可偏廢，此古聖之深心也）。

曰：「魚可鈎取乎？」

曰：「然。」

曰：「鈎非餌可乎？」

曰：「否。」

曰：「非鈎也，餌也。魚利食（利食：指得到食物的這種利益）而見害，人利魚（利魚：指得到魚的這種利益）而蒙利，其利同也，其害异也。敢問何故？」

漁者曰：「子樵者也，與吾异治（异治：异，不同的；治，在這裏指從事的事情。合起來是：從事不同的行業），安得侵（侵：指想要瞭解）吾事乎？然亦可以爲子試言之。彼之利，猶此之利也；彼之害，亦猶此之害也。子知其小，未知其大（大：這裏的「大」指的是中國思想體系中特有的整體觀概念，舉例如下。《道德經·第二十五章》：有物混成，先天地生。寂兮寥兮，獨立而不改，周行而不殆，可以爲天下母。吾不知其名，字之曰道，强爲之名曰大；《道德經·第三十四章》：萬物歸焉，而不爲主，可名爲大。是以聖人終不爲大，故能成其大；《道德經·第三十五章》：執大象，天下往。往而不害，安平太）。魚之利食，吾亦利乎食也；魚之害食，吾亦害乎食也。子知魚終日得食爲利，又安知魚終日不得食不爲害？如是，則食之害也重，而鈎之害也輕。子知吾終日得魚爲利，又安知吾終日不得魚不爲害也？如是，則吾之害也重，魚之害也輕。以魚之一身，當人之一食，則魚之害多矣；以人之一身，當魚之一食，則人之害亦多矣。又安知釣乎大江大海，則無易地之患焉？魚利乎水，人利乎陸，水與陸异，其利一也；魚害乎餌，人害乎財，餌與財异，其害一也。又何必分乎彼此哉！子之言，體（體：這是一個哲學概念，指事物根本的、内在的、本質的屬性）也，獨不知用（用：這是一個哲學概念，指事物外在的、表象的、應用的特徵）爾。」（關於「體」與「用」的關係，舉例如下。《荀子·國富》：萬物同宇而异體，無宜而有用爲人，數也；《周易集解·卷十四》：崔憬曰：「凡天地萬物，皆有形質。就形質之中，有體有用。體者，即形質也。用者，即形質上之妙用也。」）

樵者又問曰：「魚可生食乎？」

曰：「烹之可也。」

曰：「必吾薪濟（濟：本意是渡過河流，在此指用某種事物去幫助或影響另外一種事物）子之魚乎？」

曰：「然。」

曰：「吾知有用乎子（有用乎子：子，中國古代對聖賢或表示尊重對方的稱謂。有用乎子，在這裏是對您有用之意）矣。」

曰：「然則子知子之薪，能濟吾之魚，不知子之薪所以能濟吾之魚也。薪之能濟魚久矣，不待子而後知。苟（苟：如果）世未知火之能用薪，則子之薪雖積丘山，獨且奈何哉？」（薪與火：薪與火在這裏是對一個事物的本質與表象的比喻，它們是陰與陽的關係，既相互依存又相互轉化。關於「陰」與「陽」的關係，舉例如下。《周易・繫辭上》：一陰一陽之謂道；《黃帝內經・素問》：陰陽者，天地之道也，萬物之綱紀，變化之父母，生殺之本始，神明之府也；《太平經・卷三》：陽極者能生陰，陰極者能生陽，此兩者相轉化，比如寒盡反熱，熱盡反寒。自然之術，故能長生也；《皇極經世書・觀物內篇五十一》：天生於動者也，地生於靜者也。一動一靜交，而天地之道盡之矣；《朱子類語・易一・陰陽》：陰陽有以動靜言者……則獨陽不生，獨陰不成，造化周流，須是并用）

樵者曰：「願聞其方（方：道理）。」

曰：「火生於動（動：這是一個哲學概念，是指一切事物運行相對於其它事物的狀態改變或形式變化，是相對於靜而言的），水生於靜（靜：這是一個哲學概念，是指一切事物運行相對於其他事物沒有狀態改變和形式變化，是相對於動而言的）。動靜之相生，水火之相息。水火，用也；草木，體也。用生於利，體生於害。利害見乎情（情：這裏的情指隨天地變化而不斷變化的天地運行的規律。關於「情」的含義在經典中的闡釋，舉例如下。《莊子・天運》：聖也者，達於情而遂於命也；《荀子・非相》：古今异情，其所以治亂者异道；《荀子・天論》：天職既立，天功既成，形具而神生，好惡喜怒哀樂臧焉，夫是之謂天情），體用隱乎性（性：這裏的性指事物與生俱來的本質特徵。關於「性」的含義在經典中的闡釋，舉例如下。《孟子・告子上》：生之謂性；《荀子・正名》：生之所以然者謂之性；《荀子・性惡》：凡性者，天之就也，不可學，不可事。禮義者，聖人之所生也，人之所學而能，所事而成者也；《禮記・中庸》：天命之謂性；《論衡・率性》：稟氣有厚泊，故性有善惡也）。一性一情，聖人成能（聖：指能够充分通達上面所說的「情」和「性」的人。關於「聖人」的含義在經典中的闡釋，舉例如下。《道德經・第四十七章》：不出户知天下；不闚牖見天道。其出彌遠，其知彌少。是以聖人不行而知，不見而名，不爲而成；《莊子・逍遥游》：至人無己，神人無功，聖人無名；《孟子・離婁上》：聖人，人倫之至也；

《孟子·盡心下》：大而化之之謂聖，聖而不可知之之謂神；《荀子·正論》：故天子唯其人。天下者，至重也，非至彊莫之能任；至大也，非至辨莫之能分；至衆也，非至明莫之能和。此三至者，非聖人莫之能盡。故非聖人莫之能王……天下者，至大也，非聖人莫之能有也）。子之薪猶吾之魚，微火（微火：微，在此指不了解、貶低；火，在此指火的作用。微火，合起來是不了解火的作用）則皆爲腐臭朽壞，而無所用矣，又安能養人七尺之軀（七尺之軀：七尺，按照古人的長度單位，七尺是一個一般成年男人的身高，故此語一般指成年男子，後泛指所有的成年人）哉？」

樵者曰：「火之功大於薪，固已知之矣。敢問善灼（善灼：善，很、非常之意；灼，指用火燒，合起來指火很熱可以燒煮東西的這個特性）物，何必待薪而後傳？」

曰：「薪，火之體也。火，薪之用也。火無體，待薪然後爲體；薪無用，待火然後爲用。是故凡有體之物，皆可焚之矣。」

曰：「水有體乎？」

曰：「然。」

曰：「火能焚水乎？」

曰：「火之性，能迎（迎，指對抗）而不能隨（隨，指順應），故滅。水之體，能隨而不能迎，故熱。是故有温泉而無寒火，相息之謂也。」（在這裏「水」與「火」是指代「陰」與「陽」的本體，而「陰」與「陽」的關係在經典中的闡釋，舉例如下。《周易·乾·彖》：大哉乾元，萬物資始，乃統天。雲行雨施，品物流行。大明始終，六位時成，時乘六龍以御天。乾道變化，各正性命，保合太和，乃利貞。首出庶物，萬國咸寧；《周易·坤·彖》：至哉坤元，萬物資生，乃順承天。坤厚載物，德合無疆。含弘光大，品物咸亨。牝馬地類，行地無疆。柔順利貞，君子攸行。先迷失道，後順得常。西南得朋，乃與類行；東北喪朋，乃終有慶。安貞之吉，應地無疆；《周易·繫辭上》：乾知大始，坤作成物；《皇極經世書·觀物外篇下》：有温泉而無寒火，陰能從陽而陽不能從陰也）

曰：「火之道（道：這裏的「道」指特徵。關於「道」在中國思想體系中有多種含義，許多經典中各有表述，舉例如下。《道德經·第一章》：道可道，非常道；《論語·里仁》：子曰：「朝聞道，夕死可矣。」；《論語·里仁》：吾道一以貫之；《莊子·大宗師》：夫道，有情有信，無爲無形；可傳而不可受，可得而不可見；自本自根，未有天地，自古以固存；神鬼神帝，生天生地；在太極之先而不爲高，在六極之下而不爲深；先天地生而不爲久，長於上古而不爲老；《呂氏春秋·大樂》：道也者，至精也，不可爲形，不可爲名，彊爲之，謂之太一）生於用，亦有體乎？」

曰：「火以用爲本，以體爲末，故動。水以體爲本，以用爲末，故静。是火亦有體，水亦有用也。故能相濟又能相息，非獨水火則然，天下之事皆然，在乎用之何如爾。」

樵者曰：「用可得聞乎？」

曰：「可以意得（意得：通過體會可以瞭解）者，物之性（性：指事物的本質屬性）也。可以言傳者，物之情（情：指事物的表現形式）也。可以象求（象求：通過形象可以模擬）者，物之形（形：指事物的外部特徵）也。可以數取（數取：用數學的方法瞭解或取得）者，物之體也。用也者，妙萬物爲言者也，可以意得，而不可以言傳。」（關於作者描述的這種祇能理解體會但無法用語言準確描述的「用」，就是中國思想體系中「道」的表現形式，在此舉例如下。《道德經·第一章》：道可道，非常道；名可名，非常名。無名，天地之始；有名，萬物之母。故常無欲以觀其妙，常有欲以觀其徼。此兩者，同出而异名，同謂之玄，玄之又玄，衆妙之門）

曰：「不可以言傳，則子惡（惡：這裏是反問的語氣，表怎麽之意）得而知之乎？」

曰：「吾所以得而知之者，固不能言傳，非獨吾不能傳之以言，聖人亦不能傳之以言也。」

曰：「聖人既不能傳之以言，則六經（六經：《詩經》《尚書》《禮經》《樂經》《春秋》《易經》，這六部自古傳承下來的典籍被認爲是中國傳統文化體系中最重要的經典，孔子對其進行了系統的整理。六經之中的《樂經》到漢代已失傳，《禮經》包括《儀禮》《周禮》《禮記》，在漢代時主要指《儀禮》，宋代以後一般指《禮記》）非言也耶？」（關於這六部書的主旨，古人是這樣總結的。《莊子・天下篇》：詩以道志，書以道事，禮以道行，樂以道和，易以道陰陽，春秋以道名分；《荀子・勸學》：故書者，政事之紀也；詩者，中聲之所止也；禮者，法之大分，類之綱紀也。故學至乎禮而止矣。夫是之謂道德之極。禮之敬文也，樂之中和也，詩書之博也，春秋之微也，在天地之問者畢矣；）

曰：「時（時：在這裏指時代、時機，是指事物變化的時間性規律。因爲時間是没有停息的，所以從本質上講任何固定的結論都是對事物發展變化的言語道斷）然後言，何言之有？」

樵者贊曰：「天地之道備（備：完備、全面）於人，萬物之道備於身，衆妙之道備於神，天下之能事畢矣（天下之能事畢矣：出自《周易・繫辭上傳》指天下所有事物發展變化的規律都具備了），又何思何慮！吾而今而後，知事心踐形（事心踐形：事心，用心去思考；踐，指實際的去做；形，指身體。合起來是以自己的心去思考身去實踐之意）之爲大。不及子之門（門：古人對教授別人學識的人尊稱某某門，在這裏是表達樵夫對漁夫的尊重），則幾至於殆（殆：危險、停滯、消亡）矣。」乃析（析：讀xi第一聲，分開、拆開）薪烹魚而食之飫（飫：讀yu第四聲，吃飽之意），而論《易》（《易》：指《易經》的道理）。

第一段　譯文

漁夫在伊水邊上垂釣，樵夫從他身旁經過，把柴擔從肩上卸下來，坐在伊水邊的大石上休息，嚮漁夫問道：「釣魚是要用魚鈎的吧？」

漁夫説：「是的。」

樵夫問：「魚鈎上不掛魚餌可以釣到魚嗎？」

漁夫説：「不行。」

樵夫問：「看來不是因爲有魚鈎纔能釣到魚，而是因爲有魚餌。魚因爲貪圖魚餌所以被釣到，漁人先讓魚吃餌然後得到了更大的利益。漁夫和魚都是在追求利益，但各自得到了不同的結果，請問這是爲什麽呢？」

漁夫説：「您是打柴的，我是釣魚的，咱倆人術業不同，您怎麽評論起我干的事來了呢？那我就嘗試爲您解釋一下吧：一方的利益和另一方的利益是一樣的；一方的害處和另一方的害處也是一樣的。您衹知道小的方面，没有瞭解更大的含義。魚是以吃到食物爲利益的，我也是以得到魚爲利益的；魚因爲要吃食而被我釣到，而我也和魚一樣會因爲追求利益而受害。您衹知道魚每天到處尋找食物是要得到利益，可否想到魚如果找不到食物是會餓死的嗎？如此看來，對於魚來説，得不到食物而産生的害處豈不更大，而魚鈎帶來的危險相比之下就顯得輕微了。您衹看到我每天釣到魚是得到了利益，可否想到我如果釣不到魚也會餓死的嗎？如此看來，我會餓死的害處更大，我爲了釣到魚而付出的勞苦甚至危險就顯得輕微了。魚喪了命，用它的肉來讓我吃一頓飯，對於魚來講害處是太大了；如果人在水裏被魚吃了，那麼對於人來講害處也是太大了。在延續生命的最大利益面前，又怎麼會在乎「魚鈎」的危險呢？！如果我今天不是在這伊水邊上，而是在大江大海的風浪裏釣魚，您敢肯定我不會被魚吃掉嗎？！魚生活在水裏，人生活在陸地上，水裏和陸地上雖然環境不同，但利益的形勢是一樣的；魚是因爲被魚餌蒙蔽受害的，人是因爲被財物蒙蔽受害的，魚餌和財物雖然名稱不同，但對魚和人各自的害處是一樣的。又何必分别看待呢？！您的問題是衹看到了具體的事物，而不瞭解這些事物在變化中的應用。」

樵夫又問道：「（您釣的）魚能生吃嗎？」

漁夫説：「煮熟之後纔可以吃。」

樵夫說：「那就要用到我的柴來煮您的魚吧？」

漁夫說：「是的。」

樵夫說：「這不就是我的柴和您的魚是如何應用的嗎！」

漁夫說：「您雖然知道您的柴可以用來煮我的魚，但不瞭解爲什麼柴可以用來煮魚的道理。如今燒柴可以煮魚這件事已經是常識了，不需要您說我們也能明白。但如果這世上的人還不知道柴可以燒火，那麼您即便砍下的柴堆的像山一樣多，也没有人會去用吧？！」

樵夫說：「請您詳細解釋一下其中的道理。」

漁夫說：「火的特性是從運動中產生的，水的特性是從平静中產生的。動與静也是相互彌補的，就像水與火的相互作用一樣。「水性」和「火性」是事物的表現狀態；草木萬物是事物的本體。事物的作用是根據利益的判斷而確定的，事物的本體也是因爲利益的實現而被損耗的。「利」與「害」是由人的思想感情判斷的，而事物的本體和應用就隱藏在事物的本性之中。能够合理利用每一種事物而讓它們符合自身的本體與應用的規律，衹有聖人纔能做的到。您砍的柴和我釣的魚在這個意義上是一樣的，如果衹看到「柴」之體而没有明瞭作爲柴之用的「火」，那麼我的魚就會腐臭而您的柴也没有用了。如果不瞭解這些，您的柴和我的魚對人還有什麼用呢？！」

樵夫説：「有火的作用纔使柴發揮了價值，這一點我已經明白了。那麼請問，如果火本身就能把物體燒掉，何必還需要柴纔能發揮作用呢？」

漁夫説：「柴是火的本體；火是柴的應用。火没有固定的本體，需要依託於柴纔能體現出來；柴的本身是没有作用的，需要有火纔能發揮其作用。可見，凡是有本體的事物，都可以被燒掉。」

樵夫問：「水有本體嗎？」

漁夫説：「有。」

樵夫問：「火能把水燒着嗎？」

漁夫說：「火的特性是，能對抗但不能順隨，所以會被水熄滅。水的本體，是能順隨但不擅長對抗，所以能被火燒熱。所以這世上有温暖的泉水但是没有寒冷的火焰，這是水與火之間相互作用的特點決定的。」

樵夫問：「火通過燃燒展現它的作用，那麽火有本體嗎？」

漁夫說：「火是以它的作用爲主要表現形式的，火的本體往往隱藏，所以表現出運動的樣子。水是以它的本體爲主要表現形式的，水的作用往往隱藏，所以表現出静止的樣子。然而，火也是有本體的，水也是有其作用的。所以它們之間纔能相互彌補又能够相互克制，這種特性不光是水與火有，天下所有的事物都是這樣的，衹是在於如何發揮它們的作用而已。」

樵夫問：「關於如何發揮事物的作用，您能給我解釋一下嗎？」

漁夫說：「可以被理解的是事物的本性；可以用語言形容的是事物的情狀；可以模擬乃至複製的是事物的外形；可以用數學的方法測量的是事物的形體，衹有事物的作用這件事，是比思維、語言、複製、測量等等一切方法都玄妙的事，衹能用意會而不能用語言來形容。」

樵夫問：「如果不能用語言來形容，那您是怎麼知道的呢？」

漁夫說：「我所瞭解的事物之用，確實不能用語言來表達。不僅是我不能用語言來表達，就是聖人也不能用語言表達出這件事。」

樵夫問：「既然聖人都不能用語言來表達這件事，那六經難道不是聖人的語言嗎？」

漁夫說：「關鍵是要根據時機的變化來決定如何發揮事物的作用，時機是隨時變化的，而六經也衹是聖人爲了説明道理所舉的例證而已！」

樵夫非常贊賞漁夫的見解，說：「天地的大道産生了人，而人本身就是萬物之道的體現，如果人能够主動去瞭解天地的大道，那麼做任何事情都不是難事了，又怎麼會被困擾和障礙呢！我知道了，從今以後要身體力行的踐行此大道纔是人生最重要的事！如果不是和您討論這些，那我的人生幾乎是没有意義的……」於是，兩人燒柴烹魚飽食美味，然後開始討論《易經》的道理。

第一段　探微觀旨

邵子用漁人和樵夫對話的形式貫穿全篇闡述思想，這也可以看作是一種隱喻。如果把探討如何認識事物看作是一件事的整體，那麽漁人就代表了事物陽性的、變動的一面，也喻指智者；樵夫就代表了事物陰性的、静止的一面，也喻指仁者。此兩者并没有高下之分，其實是一個事物整體的兩面。

本文從人與魚的利害之辨談起，讓人思考「利」與「害」的相對性。現實中的「利」與「害」并没有絶對的標準和大小，需要審時度勢方可權衡輕重。小的利害之外又套着大的利害，大的利害或可支配小的利害，能够看到不同大小的利害關係也就是所謂的格局不同吧。

在同一個事物中「利」與「害」對應着事物的「體」與「用」。利與害表現出情緒，體與用隱藏着本性。追求「性」與「情」的平衡甚至可以作爲聖人的努力方向。由「利與害」對應的「體與用」，再到事物的内在本質與表現形式，都是事物一體之兩面，如陰陽而不可分。就如同這世間萬事萬物無完美亦無完惡，祇是在不同的時候表現出哪一邊更重要而已。要想明辨利害，就要深入瞭解體用之間的關係，究其物理纔能建立廣泛而深刻的聯繫，以求達到體用配合相輔相成的境界。

若要發揮事物之「用」首先在於：意得其性、言傳其情、象求其形、數求其體。對以上這些方面的瞭解是發揮事物之「用」的前提條件。而事物之「用」是「妙萬物而爲言者也，可以意得而不可以言傳」的，這不單指以上這些可以具體表達的意象，更是那些萬物不言而意自現惟智者可察之的妙處。那麼智者要如何察之呢？邵子之「時，然後言。」真是至妙矣哉！時間永不停息，萬事萬物的狀態也是隨着時間的變化一刻不停變化的。從本質上講任何事物都没有任何固定的狀態存在，既然没有任何固定的狀態存在，那麼也就没有任何固定的作用存在，那又如何發揮事物的作用呢？因爲時間是没有停息的，所以從本質上講任何固定的結論都是對事物發展變化的言語道斷，祇有以一種運動的思考方式去應對運動的事物本身，纔能更貼近世界本來的樣子。萬物内性外情，内體外形，都是應時而變的，關鍵是要把握認識世界的思考方法，而不是拘泥於某種定例定式。所以邵子纔說，聖人所遺留下來的六經也祇是給後人的舉例説明而已，此所謂陸象山所言[一]：我們要注解學習六經，更要能够貫通六經的道理使其能够爲我們當下的選擇作注。《中庸》開宗明義[二]是説，萬事萬物都按照時間與空間運動的規律而運行。惟有主動讓自己的言行節律去和天地運行的規律相吻合，纔能更好的理解世界運用萬物。在這個過程中時時不斷的修正自己的行爲不忘道心的方向就是

[一] 陸象山所言：「我注六經，六經注我」：陸象山是南宋哲學家、教育家陸九淵（字子静），因其講學於象山書院（今江西貴溪西南），故被後人尊稱爲象山先生或陸象山；「我注六經，六經注我」出自《陸九淵集·語録上》，是陸氏核心教育學説之一，其意是既要能够深思詳審六經的本意又要能够將六經之意融匯貫通應時而變的運用於當下。

[二]《中庸·天命》：「天命之謂性，率性之謂道，修道之謂教。道也者，不可須臾離也，可離非道也」此《中庸》第一章《天命》篇的開宗明義，表達了《中庸》的核心思想。

教育的核心内容。邵子的「時，然後言」可謂是道出了《中庸》時空整體觀思想在現實運用中的關鍵所在。

觀物的智慧就是要有整體觀的思維方式，這種整體觀不但是空間性的還是時間性的，能夠體用兼顧當機而發方能權衡利害處事游刃有餘。邵子開篇於此，是爲觀物之總則，窺道之門徑。

第二段　原文及注釋

漁者與樵者游於伊水之上，漁者嘆曰：「熙熙（熙熙：出自《史記·貨殖列傳》「天下熙熙，皆爲利來；天下攘攘，皆爲利往」，在此指衆生皆以求利而生存）乎萬物之多，而未始（未始：未，没有；始，從來。合起來指從來没有）有雜。吾知游乎天地之間，萬物皆可以無心而致之矣。非子則吾孰與歸焉？！」（此處漁夫感嘆樵夫對他發表看法的理解，恰似古人俞伯牙與鍾子期的故事，原文如下。《列子·湯問》：伯牙善鼓琴，鍾子期善聽。伯牙鼓琴，志在登高山。鍾子期曰：「善哉！峨峨兮若泰山！」志在流水。鍾子期曰：「善哉！洋洋兮若江河！」伯牙所念，鍾子期必得之。伯牙游於泰山之陰，卒逢暴雨，止於巖下；心悲，乃援琴而鼓之。初爲霖雨之操，更造崩山之音，曲每奏，鍾子期輒窮其趣。伯牙乃捨琴而歎曰：「善哉善哉！子之聽夫志，想象猶吾心也。吾於何逃聲哉？」）

樵者曰：「敢問無心（無心：是無所用心之意，語意接近無爲）致（致：對待、達到）天地萬物之方（方：方法、道理）？」

漁者曰：「無心者，無意（無意：這裏指没有個人主觀臆斷）之謂也。無意之意（無意之意：是指一個人在没有主觀臆斷之後，根據事實而産生的判斷），不我物也。不我物，然後能物物（不我物，然後能物物：不我物，不以我的好惡去判斷事物；物物：第一個物是動詞，是對待事物之意；第二個物是名詞，指事物本身。此意頗類《莊子·山木》中的「無譽無訾，一龍一蛇，與時俱化，而無肯專爲，一上一下，以和爲量，浮游乎萬物之祖，物物而不物於物，則胡可得而累邪！」）。」

曰：「何謂我（我：這是哲學概念的「我」，在這裏指人的主觀意識），何謂物（物：這是哲學概念的「物」，在這裏指作爲對象的客觀事物）？」

曰：「以我徇（徇：讀xun第四聲，本意指殉葬，是古代把活人和死者一起埋葬的一種喪葬制度，從春秋後期開始直至漢代以後逐漸被廢除。在這裏是一種比喻的説法，指我處在了被事物所牽引的被動狀態）物，則我亦物也；以物徇我，則物亦我也。我物皆致，意由是明。天地亦萬物也，何天地之有焉？萬物亦天地也，何萬物之有焉？萬物亦我也，何萬物之有焉？我亦萬物也，何我之有焉？何物不我？何我不物？如是則可以宰（宰：這裏是主導、主宰之意）天地，可以司（司：這裏是管理之意）鬼神（鬼神：關於鬼神究竟是何物，經典中各有描述，舉例如下。《周易·繫辭上》：精氣爲物，游魂爲變，是故知鬼神之情狀；《論衡·論死》：鬼神，陰陽之名也。陰氣逆物而歸，故謂之鬼；陽氣導物而生，故謂之神；《中庸章句》：程子曰：「鬼神，天地之功用，而造化之迹也。」；《朱子類語·卷三》：神，伸也；鬼，屈也。如風雨雷電初發時，神也；及至風止雨過，雷住電息，則鬼也。鬼神不過陰陽消長而已。亭毒化育，風雨晦冥，皆是），而況於人乎（而況於人乎：出自《周易·乾文言》：夫大人者，與天地合其德，與日月合其明，與四時合其序，與鬼神合其吉凶。先天而天弗違，後天而奉天時。天且弗違，而況於人乎？況於鬼神乎？）？況於物乎？」

第二段　譯文

漁夫和樵夫（乘舟）在伊水上漫游，漁夫感慨地說：「這世間的萬物皆爲利忙，主導它們運行的內在規律却從來都没有紊亂。我們在這天地間往來，如果能够以無爲之心去處理我們與萬物之間的有爲之事，那麽我們便可以看到萬物的實相并且能够游刃有餘的處在其中。如果没有您這樣的知音，我又能和誰去説這些呢？！」

樵夫説：「那麽，能否請您詳細解説一下以無爲之心對待萬事萬物的道理？」

漁夫説：「所謂以無爲之心和諧萬物的道理，是不要摻雜「我」的臆斷。不摻雜「我」的臆斷，就是不要用自己的私心去判斷事物。如果能够這樣，那麽就能看清「物」的本質。」

樵夫問：「「我」是指什麽，「物」又是指什麽？」

漁夫説：「如果我們能够把我與對象事物看成是一個整體，那麽我們也就好像變成了對象事物的一部分；如果對象事物能够把我們也看成是這個整體的一部分，那麽對象事物也就好像變成了我們的一部分。如果我和對象事物都能有這樣的思維方式，那麽物我之間還有什麽不能相互理解的呢！天地也是萬物的一部分，不可能把天地從萬物中分離出來吧？！萬物也都在天地之中，又怎麽能把萬物從天地中分離出來呢？！萬物是組成我的成分，不可能把我和組成我的萬物分離開吧？！我也是萬物的一種，那又怎麽能把我從萬物中分離出來呢？！又有什麽事物是與我完全没有關係的呢？！而我又怎麽能和組成我的萬物没有關係呢？！如果我們能够這樣思考我們和萬事萬物的關係，那就如同天地的主宰一樣，可以令鬼神都聽命於你，又何况是芸芸衆生呢？！又何况是萬事萬物呢？！」

第二段　探微觀旨

在中國文化的體系中，自古以來《易經》都被認爲是認識世界的最佳工具。而認識世界也就是觀物，邵子在用《易》之前先談總則，也就是觀物的總則：不我物，然後能以物觀物，以至達到萬物一體的至高境界。

邵子的觀物方法，首先要「不我物」，也就是要把「我」的主觀打掉。當没有從「我」出發的偏私加入觀察之後，纔能看到世界的本來面目，看到世界的本來面目纔能够以無分别的心去以物觀物。「不我物」就是放下偏私，「以物觀物」就是把「物」與「我」看成一個整體去觀察，如此纔能看到各方的利益需求。能够將「我」融入到多大的整體之中，也就能够看到多大的利益得失；能够平衡多大的利益得失，也就是一個人最終的能力大小。

邵子與孟夫子之「萬物皆備於我[一]」可謂神會，孟夫子提出的觀物目標是「反身而誠，樂莫大焉；强恕而行，求仁莫近焉」這一内一外，孟夫子説出了努力的方向而邵子之「不我物，然後能物物」道出了觀物的具體方法。

邵子這個物我一體的觀念與釋家華嚴宗之放下「妄想、分别、執着」的「事、理、理事、事事

[一]「萬物皆備於我。反身而誠，樂莫大焉；强恕而行，求仁莫近焉。」：出自《孟子·盡心上》。

無礙」之四法界亦是殊途同歸。在「同一之心」的指導下對「性」與「相」更加統一的認識決定了境界的越遷，此即在「不我物」指導下的「以物觀物」。中國思想體系之萬物一體的觀物目標又何嘗不是二諦圓融的至高境界？！

運用邵子所闡述的物我同觀的觀物方法，具體到各人所能達到的成就，那就要各憑慧命了。百姓若能有此方向，亦足上道矣，此或可謂「天下何思何慮？天下同歸而殊途，一致而百慮，天下何思何慮〔二〕」的弦外之音。

〔二〕「天下何思何慮？天下同歸而殊途，一致而百慮，天下何思何慮？！」：出自《周易・繫辭下》中孔夫子對《周易・咸卦》九四爻的觀感。

第三段　原文及注釋

樵者問漁者曰：「天何依？」

曰：「依乎地。」

曰：「地何附？」

曰：「附乎天。」

曰：「然則天地何依何附？」

曰：「自相依附。天（天：在這裏既是指天空又指代無形的、靈動的狀態）依形，地（地：在這裏既是指大地又指代具象的、静止的狀態）附氣（氣：在中國思想體系中「氣」字本寫作「炁」，這個字是用水火調和既濟的狀態比喻陰陽和合運動的根本規律，有許多經典解釋了其含義，在此舉例如下。《莊子·知北游》：人之生，炁之聚也，聚則爲生，散則爲死……故曰通天下一炁耳。聖人故貴一；《論衡·自然》：天地合炁，萬物自生……天動不欲以生物，而物自生，此則自然也。施炁不欲爲物，而物自爲，此則無爲也。謂天自然無爲者何？炁也。恬澹無欲，無爲無事者也……炁若雲煙，雲煙之屬，安得口目？《道德經・第五十五章》：知和曰常，知常曰明，益生曰祥。心使炁曰强。物壯則老，謂之不道，不道早已）。其形也有涯，其氣也無涯。有無之相生（相生：是中國思想體系中特有的概念，指兩種狀態之間的承繼與轉化，類似但不完全像母親生出了孩子），形氣之相息（相息：相，是互相；息，指呼吸。在這裏用以比喻形和氣相互之間的緊密關係，像一呼一吸一樣密不可分）。終則有始，終始之間，其天地之所存乎？天以用爲本，以體爲末；地以體爲本，以用爲末。利用出入之謂神，名體有無之謂聖。唯神與聖，能參（參：觀察、體會、明瞭）乎天地者也。小人則日用而不知（小人則日用而不知：出自《周易・繫辭上》：百姓日用而不知，故君子之道鮮矣。意思是：没有太多思辨能力的民衆，在生活中的時時刻刻也都在應用道的法則，但他們并不瞭解和關心道的規律是什麽），故有害生實喪之患（害生實喪之患：傷害生命、本質受到破壞的隱患。關於避免這種現象的方法，古代聖人的啓示如下。《周易・乾文言》：知至至之，可與幾也，知終終之，可與存義也。是故居上位而不驕，在下位而不憂，故乾乾因其時而惕，雖危無咎矣）也。夫名（名：在這裏是一個哲學概念，指事物的表象。關於「名」在中國思想體系中有多種含義，舉例如下。《道德經・第一章》：無名天地之始，有名萬物之母；《論語・子路》：子路曰：「衛君待子而爲政，子將奚先？」子曰：「必也正名乎！」子路曰：「有是哉，子之迂也！奚其正？」子曰：「野哉由也！君子於其所不知，蓋闕如也。名不正，則言不順；言不順，則事不成；事不成，則禮樂不興；禮樂不興，則刑罰不中；刑罰不中，則民無所措手足。故君子名之必可言也，言之必可行也。君子於其言，無所苟而已矣。」；《墨子・貴義》：兼白黑，使瞽取焉，不能知也……瞽不知白黑者，非以其名也，以其取也；《尹文子・大道上》：大道不稱，衆有必名。生於不稱，則群形自得其方圓。名生於方圓，則衆名得其所稱也）也者，實（實：在這裏是一個哲學概念，指事物的本質）之客也；利也者，害之主也。名生於不足（關於「名」與「實」的關係，古代經典中有許多闡述，舉例如下。《尹文子・大道上》：名者，名形者也；形者，應名者也。然形非正名也，名非正形也。則形之與名，居然別矣，不可相亂，亦不可相無。無名，故大道無稱；有名，故名以正形。今萬物具存，不以名正之，則亂；萬名具列，不以形應之，則乖。故形名者，不可不正也……名定則物不競；分明則私不行。物不競，非無心，由名定，故無所措其心；私不行，非無欲，由分明，故無所措其欲。然則心欲人人有之，而得同於無心無欲者，制之有道也；《公孫龍子·名實論》：夫名，實謂也），利喪於有餘。害生於有餘，實喪於不足，此理之常也。養身者必以利，貪夫則以身殉利，故有害生焉。立身必以名，衆人則以身殉名，故有實喪焉。竊人之財謂之盜，其始取之也，唯恐其不多也。及其敗露也，唯恐其多矣。夫賄之與贓，一物而兩名者，利與害故也。竊人之美謂之徼（徼：讀jiao第三聲，意同僥倖之僥），其始取之也，唯恐其不多也。及其敗露也，唯恐其多矣。夫譽與毀，一事而兩名者，名與實故也。凡言朝（朝：讀chao第二聲，指朝廷、政府部門）者，萃（萃：匯集）名之所也；市（市：這裏指市場、商品交易場所）者，聚利之地也。能不以争處乎其間，雖一日九遷（遷：古代官員被任命升職或降職。九遷，在這裏泛指很多次的升遷或降職），一貨（貨：指商品）十倍（十倍：形容價格上漲很多倍），何害生實喪之有耶？是知争也者取利之端也，讓也者趨名之本也。利至則害生，名興則實喪（關於「名」與「實」相互之間的關係，經典中認爲：《莊子·人間事》：德蕩乎名，知出乎争。名也者，相軋也；知也者，争之器也。二者兇器，非所以盡行也）。利至名興，而無害生實喪之患，唯有德（德：「德」是「道」的表現形式，在中國思想體系中關於「德」的含義有許多經典的論述，在此舉例如下。《周易·乾文言》：子曰：龍德而正中者也。庸言之信，庸行之謹，閑邪存其誠，善世而不伐，德博而化。《易》曰：「見龍在田，利見大人」，君德也；《周易·坤·象》：君子以厚德載物；《周易·繫辭上》：可久則賢人之德，可大則賢人之業……子曰：《易》其至矣乎！夫《易》，聖人所以崇德而廣業也；《道德經·第十章》：生之、畜之，生而不有，爲而不恃，長而不宰，是謂玄德；《道德經·第三十八章》：上德無爲而無以爲；下德爲之而有以爲……故失道而後德，失德而後仁，失仁而後義，失義而後禮。夫禮者，忠信之薄，而亂之首；《道德經·第五十一章》：道生之，德畜之，物形之，勢成之。是以萬物莫不尊道而貴德；《尚書·周書·君奭》：天不可信，我道惟寧王德延，天不庸釋於文王受命；《春秋左傳·文公元年》：忠，德之正也；信，德之固也；卑讓，德之基也；《論語·爲政》：子曰：「爲政以德，譬如北辰，居其所而衆星共之。」；《論語·顏淵》：君子之德風，小人之德草。草上之風，必偃；《莊子·天道》：夫帝王之德，以天地爲宗，以道德爲主，以無爲爲常；《莊子·人間世》：知其不可奈何而安之若命，德之至也）者能之。天依地，地附天，豈相遠哉！」

第三段　譯文

樵夫問漁夫：「天（需要）依憑什麼嗎？」

漁夫說：「依憑於地。」

樵夫問：「地（需要）附麗什麼嗎？」

漁夫說：「附麗於天。」

樵夫問：「那麼天和地又依附於誰呢？」

漁夫說：「（天與地）按照無爲的法則相互依附。天要依憑於有形的地，地要附麗於無形的天。我們能够看到有形物體的樣子，但看不到無形之氣的樣子。有形與無形相互轉化，是因爲形與氣相互作用的結果。這種周而復始的循環，無始無終永續不斷，也就是天地能够存續的原因。天的主要表現在於它的作用方面，它的本體處於次要的地位；地的主要表現在於它的本體方面，它的作用處於次要的地位。能够順應天地體用的這種特點而行事的，就能稱之爲神。能够明瞭天地體用之間無爲而生的道理的，就能稱之爲聖。衹有能够達到「神」與「聖」這種認識水平的人纔能主動按照天地的大道去行事。而普通的百姓因爲不能懂得這些道理，雖然也在天地的這種規律中生存，却很有可能没有按照天地的規律去作，這就會導致許多因爲違背規律而對事物本質産生的危害或隱患。名這個東西，是事物本質的附屬；而利益的本身，就是産生危害的主要原因。要先積累德行然後就會有名聲，而利益的喪失往往是獲取了比應該得到的部分更多而導致的。事情做的過了會産生危害，而事情做的不到位也會損害本質，這是世間的常理。利益是用來滋養我們的身命的，但貪利的人會不顧身命的去貪求利益，使利益反而成爲了損害身命的東西。人在世間需要樹立自己的名聲，但貪名的人會不顧身命的去貪求名聲，使名聲反而成爲了損害自身的東西。一個人偷别人的東西稱爲盗竊，當他開始去偷的時候，唯恐偷的不多。當被人抓住追贜定罪的時候，又唯恐别人發現他偷的太多了。人在高位時接受的賄賂和小偷偷别人的東西本質是一樣的，衹不過是换了個名稱罷了，貪求的時候就叫做「利」，被查到的時候就叫做「害」了。竊取别人的名聲稱之爲微，當他開始竊取的時候，唯恐不能全部占爲己有。當事情敗露了，又唯恐被别人揭發而身敗名裂。贊美和指責是名這個東西的兩種表現，它們的表現如此不同，是因爲名的實質和名的表象之間，不同的匹配程度所造成的。大家一説起朝廷，就知道那是聚集名聲的地方；一提起市場，就知道那是聚集利益的地方。在這些地方時刻都在進行着關於名與利的明争暗鬥，可能一天之内被提拔或貶斥很多次；可能貨物賣出去的價格是本錢的很多倍，這些不是都體現出對名利的貪求而喪失了本質的特點嗎？！我們可以瞭解到，争奪是貪求利益的開始，謙讓是博得名聲的手段。當得到利益的時候禍害隨即產生，當獲得名聲的時候人格隨之喪失。如果想在獲得利益、取得名聲的同時又能不產生禍害、不喪失人格，那衹能是有德的人纔能做到。而有德者的做法就是：深明體用相依利害消長的規律，以無爲之心行有爲之事，如此纔能讓自己的行爲更加接近於天地間相互依附而又和諧共存的大道。」

第三段　探微觀旨

在中國文化中經常提到「道」與「德」，這些詞彙本身就是無法用語言準確描述的概念，加之後世對《道德經·第三十八章》「故失道而後德，失德而後仁，失仁而後義，失義而後禮……」的割裂理解，所以經常被誤解爲「道」與「德」是不同的兩件事。「道」是事物的内在規律，或者說是支撐其存在的原因；「德」是事物的外在表現形式，或者說是我們理解事物的樣子。「道」與「德」是同一個事物的「體」與「用」，是相互依存不可分割同進退共榮辱的。如果把它們割裂的看，就會導致對古聖先賢的本意往往不知所云；當把它們作爲不同的目標去追求的時候，就爲天下之大僞埋下伏筆。發展到今日之惡果，以致今人多把古聖所言的「道」視爲純精神化的玄學；把先賢所言之「德」當成不切實際的説教。視「道」爲玄，直接導致了如今國人對傳統信仰的崩塌；視「德」爲教，直接導致精緻利己主義的盛行。

讓道與德復歸統一的第一步，就是要看到天地相依陰陽消長的整體，如何能够看到這個整體呢？邵子在此段中依次闡述天與地、名與實、利與害、毁與譽，從宏觀到具體，無一不是内外一體的，能够平衡内外的關係纔是觀物處事的關鍵所在，而平衡内外關係的著眼點就在於能够看到事物的正反兩面。能够綜合平衡正反兩面的利益纔可以「利至名興而無害生實喪之患」，落到實處的方法就是：以無我處無爲的對待物我之間的關係。邵子最後得出的結論是「唯有德者能之」，有德者何能？以無爲之心處有爲之事而已。

第四段　原文及注釋

漁者謂樵者曰：「天下（天下：這裏指自然、社會、政治、經濟、文化等等涵義的綜合）將治（將治：治：被治理；將治：天下走嚮各安其位、各盡所能的理想社會發展方向），則人必尚行也；天下將亂，則人必尚言也。尚行，則篤實（篤實：誠實、認真）之風行焉；尚言，則詭譎（詭譎：狡詐、多欺騙）之風行焉。天下將治，則人必尚義（義：此處之義是指廣義的社會道德而言）也；天下將亂，則人必尚利（利：此處之利是利益之意，包括名聲、財貨等大多數人認爲是有利的事物）也。尚義，則謙讓之風行焉；尚利，則攘奪之風行焉。三王（三王：指夏、商、周三代的第一位帝王，禹、湯、周文王（姬昌）以及周朝開國帝王周武王（姬發）的合稱，也就是説「三王」實際指的是四個人），尚行（行：此處指身體力行的去創造社會財富、構建社會制度）者也；五霸（五霸：指春秋時期先後稱霸的五個諸侯王，齊桓公、楚莊王、宋襄公、晋文公和秦穆公。霸：指以武力鎮服他人的行爲，在經典中的解釋如下。《白虎通》：霸者，伯也，行方伯之職；《孟子·公孫丑上》：以力假仁者霸，霸必有大國；以德行仁者王，王不待大；《孟子·告子下》：五霸者，三王之罪人也），尚言（言：此處指靠語言及一切思想的計謀去巧取現實利益）者也。尚行者必入於義也，尚言者必入於利也（關於「義」與「利」在人群中的取嚮，經典中的闡釋如下。《論語·里仁》：子曰：君子喻於義，小人喻於利；《論語·顔淵》：子曰：君子成人之美，不成人之惡。小人反是）。義利之相去，一何如是之遠耶？是知言之於口，不若行之於身，行之於身，不若盡之於心。言之於口，人得而聞之，行之於身，人得而見之，盡之於心，神（神：在這裏既指宗教意義的神靈，也指天地自然的大道。關於「神」的特點和人對「神」的理解，舉例如下。《墨子·耕柱》：巫馬子謂子墨子曰：「鬼神孰與聖人明智？」子墨子曰：「鬼神之明智於聖人，猶聰耳明目之與聾瞽也。昔者夏后開使蜚廉折金於山川，而陶鑄之於昆吾，是使翁難雉乙卜於白若之龜，曰：「鼎成三足而方，不炊而自烹，不舉而自臧，不遷而自行，以祭於昆吾之虛，上鄉！」乙又言兆之由曰：「饗矣！逢逢白雲，一南一北，一西一東，九鼎既成，遷於三國。」夏後氏失之，殷人受之；殷人失之，周人受之。夏後、殷、周之相受也。數百歲矣。使聖人聚其良臣與其桀相而謀，豈能智數百歲之後哉！而鬼神智之。是故曰，鬼神之明智於聖人也，猶聰耳明目之與聾瞽也。」）得而知之。人之聰明猶不可欺，況神之聰明乎？是知無愧於口，不若無愧於身，無愧於身，不若無愧於心。無口過（過：過錯）易，無身過難，無身過易，無心過難。既無心過，何難之有！吁，安得無心過之人，與之語心哉！」

第四段　譯文

漁夫對樵夫説：「如果社會是走嚮更加和諧的方向，那麼百姓必然崇尚實干；如果社會將要亂起來了，必是虛言惑世之風漸起。社會崇尚實干，誠實、認真的風氣就會成爲社會普遍認同的態度；社會崇尚虛言，狡詐、欺騙的事就會多起來。如果社會崇尚道義，那麼謙讓的風氣就會興起；如果社會崇尚利益，那麼互相欺騙掠奪的風氣就會盛行。上古的三王時期，就是典型的崇尚實干的歷史時期；而五霸時期，就是典型的崇尚虛言的歷史時期。崇尚實干則會更接近道義的方向；崇尚虛言就會更加加劇利益的争奪。追求道義與追求利益是兩條出發點如此不同的道路，它們導致的結果簡直是天差地別。你看，在社會生活中，光用嘴説就不如去身體力行；去身體力行又不如能够全心全意的投入其中。光用嘴説，别人衹是聽到了你的想法；身體力行，别人就會見到你的成果；如果能够全心全意的投入其中，那麼天地神靈都會有所感應。人的聰明智慧尚且不能被欺騙，那麼人還想欺騙與天地大道相合的神明嗎？！如此看來，對得起自己説過的話，不如對得起自己干過的事；對得起自己干過的事，不如對得起自己的初心。人不説錯話還比較容易，不干錯事就難了；人不干錯事還算容易，如果能够時時刻刻的發心都合乎於天地的大道，那纔是真的難啊！如果能够達到以無心處無爲的境界，那麼天下還有什麼難事呢？！可嘆啊！天下之大，哪裏能够找到語默動静的發心都合乎於天地大道之人，纔能懂得我所説的與天地合其德的境界啊！」

第四段　探微觀旨

社會是由無數個個體組成的，由於每個個體的獨立性，所以注定没有任何一種制度是可以約束所有人的；也正是由於每個個體的獨立性，所以又需要社會制度加以管理與平衡，這就是社會永恒且矛盾的主題。所謂治世，就是社會制度相對把多數人的利益平衡的好；亂世，就是多數人感到不平衡。既然没有任何一種社會制度能够讓所有人滿意，所以古聖先賢早已看到社會治理的底層邏輯，那就是讓每個人擔負起他所在崗位的責任，落實到行動上就是在每個人自己的「身、口、意」上下功夫。如果説邵子在上一節中是講知行合一的大方向，那麼這一節就是落實的具體步驟。

中國思想體系有一個重要的特點，那就是所有的真知都是目標與方法的合體。換言之，祇談目標不講方法是空談誤國；祇説方法不知目標是盲人摸象。如果一個社會的所謂學者祇是以知之而論知之，那麼他們所寫出的理論最終必然會淪爲不切實際的幻想或是攫取名利的工具。如果不能有實踐作爲支撑，那知識祇有成爲他們更大的分别心。所有不以勞動和實踐爲支撑的社會理論全是逞口舌之利而已。孔子、老子不是這樣的人；釋迦、基督也不是這樣的人。所有穿越歷史而能够照耀人類靈魂的思想，無不從實踐中來，所以邵子在此指出：當行勝於言社會將治；當言勝於行社會必亂。

無論尚行或尚言的表現，其背後必然是在心靈指導下的結果，邵子以「尚行」與「尚言」喻「實」與「名」，發心不同是産生義利之辨的關鍵。大到以史爲鑒，三王五霸興替之由；小到個人言、行、心漸次深入，本章歸根結底在「無心過」。無心者何？無我也，此是無心過的先決條件，即「不我物」。「不我物」能何如？必先有此無我之心，方能與之語心。語何哉？語之以：以物觀物之妙法。

第五段　原文及注釋

漁者謂樵者曰：「子知觀（觀：在中國思想體系中的「觀」不是僅有看的意思，還包含有體會、感知甚至是與被觀察者融爲一體的能力。關於「觀」的含義和方法，舉例如下。《論語・學而》：子曰：父在，觀其志；父沒，觀其行，三年無改於父之道，可謂孝矣；《論語・爲政》：子曰：視其所以，觀其所由，察其所安。人焉廋哉？人焉廋哉？《論語集注》：觀，比視爲詳矣；《論語・公冶長》：宰予晝寢。子曰：朽木不可雕也，糞土之牆不可杇也，於予與何誅。子曰：始吾於人也，聽其言而信其行；今吾於人也，聽其言而觀其行。於予與改是；）天地萬物之道乎？」

樵者曰：「未也。願聞其方。」

漁者曰：「夫所以謂之觀物者，非以目（目：此處指眼睛）觀之也，非觀之以目，而觀之以心也；非觀之以心，而觀之以理（「觀之以理」之「理」與下面的「莫不有理」之「理」指的不是同一個層次。前一個「理」是指觀物之整體的道，這個「理」是後一個「莫不有理」以及其後面「性」與「命」的綜合。「莫不有理」之「理」僅指事物存在的合理性）也。天下之物，莫不有理（理：指事物存在的合理性。關於「理」的含義，舉例如下。《韓非子・解老》：道者，萬物之所然也，萬理之所稽也。理者，成物之文也；道者，萬物之所以成也。故曰：道，理之者也。物有理，不可以相薄；物有理不可以相薄，故理之爲物之制。萬物各异理，而道盡稽萬物之理……凡理者，方圓、短長、粗靡、堅脆之分也，故理定而後可得道也；《莊子・天下》：判天地之美，析萬物之理，察古人之全，寡能備於天地之美，稱神明之容；《荀子・解蔽》：可以知，物之理也；《周易略例・明象》：物無妄然，必由其理。統之有宗，會之有元，故繁而不亂，衆而不惑；《周易注・乾》：夫識物之動，則其所以然之理皆可知也；《傳習録・卷二》：虛靈不昧，衆理具而萬事出）焉，莫不有性（性：指某一個事物不同於另一個事物的特點）焉，莫不有命（命：指事物生滅變化的週期，或稱爲宿命。關於「命」的含義，經典中多有提及，舉例如下。《周易・乾・彖》：乾道變化，各正性命；《周易・説卦傳》：昔者聖人之作《易》也，將以順性命之理，是以立天之道曰陰與陽，立地之道曰柔與剛，立人之道曰仁與義；《詩經・大雅・文王》：有命自天；《詩經・周頌・昊天有成命》：昊天有成命，二後受之；《論語・憲問》：子曰：「道之將行也與？命也。道之將廢也與？命也。」；《論語・堯曰》：子曰：「不知命，無以爲君子也。不知禮，無以立也。不知言，無以知人也。」；《孟子・盡心上》：知命者，不立乎巖牆之下。盡其道而死者，正命也；《論衡・命禄》：凡人遇偶及遭累害，皆由命也。有死生壽夭之命，亦有貴賤貧富之命。自王公逮庶人，聖賢及下愚，凡有首目之類，含血之屬，莫不有命）焉。所以謂之理者，窮之而後可知也；所以謂之性者，盡之而後可知也；所似謂之命者，至之而後可知也。此三知者，天下之真知也，雖聖人無以過之也。而過之者，非所以謂之聖人也。（關於「聖」與「神」的區別，經典中多有闡釋，舉例如下。《黄帝内經・素問》：陰陽不測謂之神；神用無方謂之聖；《論衡・知實》：賢聖者，道德智能之號；神者，眇茫恍惚無形之實。實异，質不得同；實鈞，效不得殊。聖神號不等，故謂聖者不神，神者不聖；《孟子・盡心下》：大而化之之謂聖，聖而不可知之之謂神；《莊子・知北游》：天地有大美而不言，四時有明法而不議，萬物有成理而不説。聖人者，原天地之美而達萬物之理。是故至人無爲，大聖不作，觀於天地之謂也）夫鑒（鑒：鏡子）之所以能爲明者，謂其能不隱萬物之形也。雖然鑒之能不隱萬物之形，未若水之能一萬物之形也（一萬物之形也：爲什麼「水」會有這樣的能力，經典中的闡釋如下。《道德經・第八章》：上善若水。水善利萬物而不争，處衆人之所惡，故幾於道）。雖然水之能一萬物之形，又未若聖人之能一萬物之情也（一萬物之情也：爲什麼聖人會有這樣的能力，經典中的闡釋如下。《道德經・第三十九章》：昔之得一者：天得一以清；地得一以寧；神得一以靈；穀得一以盈；萬物得一以生；侯王得一以爲天下正。《莊子・齊物論》：物無非彼，物無非是。自彼則不見，自知則知之。故曰：彼出於是，是亦因彼。彼是，方生之説也。雖然，方生方死，方死方生；方可方不可，方不可方可；因是因非，因非因是。是以聖人不由，而照之於天，亦因是也。是亦彼也，彼亦是也。彼亦一是非，此亦一是非。果且有彼是乎哉？果且無彼是乎哉？彼是莫得其偶，謂之道樞。樞始得其環中，以應無窮。是亦一無窮，非亦一無窮也。故曰「莫若以明」）。聖人之所以能一萬物之情者，謂其聖人之能反觀（反觀：嚮内觀察。關於「反觀」的原理，舉例如下。《皇極經世書・觀物内篇五十三》：天地萬物之道，盡之於人矣；《樂物吟・物有聲色氣味》：物有聲色氣味，人有耳目口鼻。萬物於人一身，反觀莫不全備）也。所以謂之反觀者，不以我觀物也。不以我觀物者，以物觀物之謂也。既能以物觀物，又安有我於其間哉？是知我亦人也，人亦我也，我與人皆物也。此所以能用天下之目爲己之目，其目無所不觀矣。用天下之耳爲己之耳，其耳無所不聽矣。用天下之口爲己之口，其口無所不言矣。用天下之心爲己之心，其心無所不謀矣。夫天下之觀，其於見也，不亦廣乎？天下之聽，其於聞也，不亦遠乎？天下之言，其於論也，不亦高乎？天下之謀，其於樂也，不亦大乎？夫其見至廣，其聞至遠，其論至高，其樂至大，能爲至廣、至遠、至高、至大之事，而中無一爲焉，豈不謂至神至聖者乎？非唯吾謂之至神至聖者乎，而天下謂之至神至聖者乎。非唯一時之天下謂之至神至聖者乎，而千萬世之天下謂之至神至聖者乎。過此以往，未之或知也已。」

第五段　譯文

漁夫對樵夫說：「您瞭解該如何去觀察萬事萬物的運行規律嗎？」

樵夫說：「還不是很清楚，請您講解具體的方法。」

漁夫說：「之所以稱之爲觀物，而不是看物，指的不僅是用眼睛去看。不僅是用眼睛去看，而是用心去體會。甚至也不能說是用個人的心去體會，而是用一以貫之的大道去認識世間萬物。天下的一切事物，都有其存在的必然性、特殊性、偶然性。能稱之爲「理」的，衹有窮盡事物的所有可能性纔能充分的瞭解；能稱之爲「性」的，衹有完整的分析事物的特點纔能下結論；能稱之爲「命」的，衹有完全的經歷了事物從生到滅的整個過程纔能够確定。能够得到以上這三種結論的，纔是這世間真正的知識，即便是聖人也就衹能知道這麼多了。能够對事物的瞭解程度比上述這三點更透徹的，已經不是人間的聖人了。你看，鏡子能讓我們看清東西，是因爲它可以忠實的照出萬物的樣子。雖然鏡子能忠實的照出萬物的樣子，但仍然不如水能够包容萬物的形體。雖然水能包容萬物的形體，但又不如聖人能够通曉萬物的性情。聖人之所以能够通曉萬物的性情，是因爲聖人觀察萬物的方法是與世間大多數人相反的。所謂反觀，是不從我個人的立場去觀察事物。不從我個人的立場去觀察事物，而是要從萬物一體的立場上去觀察萬物。既然是以萬物一體的立場去觀察萬物，那麽要把我擺在什麽位置呢？關鍵就是要明白，我和被觀察者都是整體的一部分，他人和我的本質也是一樣的，我和他人又都是萬物的一部分。如果明白了這一點，那麽就等於天下所有的眼睛都成爲了我的眼睛，如此就會無所不見了；天下所有的耳朵都成爲了我的耳朵，那麽就没有什麽聽不到的了；天下所有的嘴都成爲了我的嘴，那麽就會無所不能表達了；天下所有人的心思機巧都成爲了我的心思機巧，那麽就無所不能謀劃了。如果能够用天下所有的眼睛去看，就能看到最廣闊的視野；用天下所有的耳朵去聽，就能聽到所有的聲音；用天下所有的嘴去表達，就能表達最高深的言論；用天下所有的心思去謀劃，就能和樂最廣大的大衆。如果一個人能够利用最廣闊的視野、最遠的聲音、最高深的言論、和樂最廣大大衆的能力，去成就了最廣闊、最遥遠、最高妙、最偉大的事，但其中并没有一點從個人出發的偏見，那這樣的人豈不是最神聖的人嗎？！不僅衹有我把這樣的人稱爲最神聖的人，天下都會認爲這樣的人是最神聖的！不僅是一個時代的人認爲這樣的人是最神聖的，千秋萬代的人都會認爲這樣的人是最神聖的！比這更高明的人，我實在是不知道了啊！」

第五段　探微觀旨

邵子此節展開闡述他的觀物之法「以物觀物」。

首先，觀物的目標必要包括對象的「理、性、命」三方面纔能完備。「理」是指事物存在的合理性（或稱之爲必然性）；「性」是指事物存在的特殊性（或稱之爲個性、偏性）；「命」是指事物存在的週期性（或稱之爲偶然性）。也可以説一個事物的存在決定於其合理性，從發展到毁滅的過程決定於其週期性，而在週期性各個方向上的幅度變化決定於其特殊性。顯然，能够全面的觀物，必要理、性、命通觀不可偏廢。非常遺憾的是，自邵子之後，後世理學衹重談事理、談格物，不重談心性、談特點，雖有陸王心學的奮力一呼，終究在權力引導與生存壓力的驅使之下，使中國社會喪失了對個性的辨别與寬容能力，致使社會思想逐漸失去了創造力。這或可解開英國劍橋大學李約瑟先生的百年疑問。近世以來西風東漸，社會思潮更加偏執的認爲「格物之理」就是認識世界的全部。由「格物之理」推動的技術大發展使個體的能力有了廣泛深入的提高，從而促使了個體意識的覺醒。但問題的關鍵不在於技術本身，而在於技術的發展變成了資本的工具。資本不遺餘力的强調個性發展的空間、鼓勵私欲的膨脹，以達到其分化人類整體觀意識的目的。因爲衹有這樣，資本纔能總控全局無限增值。這種趨勢在世界範圍内都大大削弱了人類完整認識世界的能力。社會大衆甚至對最基礎的家庭倫理、最簡單的道德勸戒都失去了敬畏之心，這對整個人類的危害都是巨大而深刻的。

回到對邵子的研究，就是讓我們重拾中國思想體系中最寶貴的指導思想：「理、性、命」一體的時空整體觀。

實現「理、性、命」時空整體觀的具體方法是什麼呢？是「以物觀物」。一説到「世界觀」諸位會有什麼樣的聯想呢？首先，「觀」不同於「看」，看衹是生理之所見，而觀是要掌握事物運行的根本規律。顯然，根本規律是要靠心思去體會的，而這還衹是凡人的境界，能够超脱個人心思的偏見看到事物原本的樣子，纔能觀得事物的全貌。「世界觀」的著落處難道不應該是世界本身嗎？！這個「觀」的真意恰恰在於沒有出於私心的「看」，纔能看清世界本來的樣子。從個體出發，把個體融入到整體之中，從而實現個體與整體和諧發展的世界觀纔是中國思想體系的真正追求。所以邵子以目、耳、口、心爲例推而廣之，闡述如何從無我之心開始，達到「廣見」「遠聞」「高論」「樂謀」的能力，以至通嚮觀盡天下超凡入聖的境界。在這一過程中邵子强調了無我之心、無分别之心和周遍無遺，這幾乎是《周易·説卦傳》中「窮理盡性以致於命[一]」的展開説明。淺而言之是推己及人的共情；中而言之是旁觀整體平衡矛盾的方法；深而言之就是不思量、不分别、不執着的般若智慧境界。能够達到這種境界的人，確實稱得上「千萬世之天下亦謂之至神至聖者也」！如此，亦可見觀物之法

[一] 窮理盡性以至於命：出自《周易·説卦傳》「昔者聖人之作《易》也，幽贊於神明而生蓍，參天兩地而倚數。觀變於陰陽而立卦，發揮於剛柔而生爻，和順於道德而理於義，窮理盡性以至於命。」。

的真諦實在是三教旁通道無二法的。

從邵子觀物之法的世界觀之中我們也可以看出，在通達中國思想體系之道的人看來，既沒有固執的物我之私，也沒有狹隘的所謂民族、國家、人種的偏見，甚至沒有時代的阻隔。換句話説，真正的「道」必是能包容一切時間與空間的存在。今天，當國人早已打開眼界與古往今來世界各民族的歷史文化相面對的時候，用此「以物觀物」之法會具有更迫切的意義和更廣大的效果。

第六段　原文及注釋

樵者問漁者曰：「子以何道而得魚？」

曰：「吾以六物具（六物具：六物，是六種物品（下文會具體説到）；具，具備）而得魚。」

曰：「六物具也，豈由天（天：這裏的天指的是天意的安排）乎？」

曰：「具六物而得魚者，人也。具六物而所以得魚者，非人也。」

樵者未達（達：通達、明瞭），請問其方。

漁者曰：「六物者，竿（竿：釣魚竿）也，綸（綸：釣魚綫）也，浮（浮：浮漂）也，沈（沈：通「沉」，鉛墜）也，鈎（鈎：釣魚鈎）也，餌（餌：魚餌）也。一不具，則魚不可得。然而六物具而不得魚者，非人也。六物具而不得魚者有焉，未有六物不具而得魚者也。是知具六物者，人也。得魚與不得魚者，天也。六物不具而不得魚者，非天也，人也。」

第六段　譯文

樵夫問漁夫：「您是用什麼方法釣魚的？」

漁夫說：「我把釣魚所需要的六樣器具都準備齊全了，就可以去釣魚了。」

樵夫又問：「把釣魚所需的六樣東西都準備齊全不是就能釣到魚嗎，難道這件事還需要天意？」

漁夫說：「準備釣魚所需的六樣東西，是人可以決定的。準備好了所有釣魚需要用的東西之後，是否能釣到魚，不是人能決定的。」

樵夫沒有明白，於是再請問漁夫其中的道理。

漁夫說：「釣魚所用的六樣東西是：魚竿、魚綫、浮漂、鉛墜、魚鈎、魚餌。有一樣東西不具備，都無法釣到魚。但這六樣東西都具備了，是否能釣到魚，不是人能決定的。這六樣東西都具備但釣不到魚的情況也是有的，但從來沒有這六樣東西沒有齊備而能够釣到魚的。由此可以看出，準備這六樣東西是人爲的因素，是否能釣到魚那要看天意了。如果所需的六樣東西没有準備齊全而没有釣到魚，那不是天命的原因，是人爲的原因造成的。」

第六段　探微觀旨

邵子以釣魚所需六件物品的準備工作喻指觀物必先察其「理」，即事物本身的自然狀態。當已經窮理之後，就一定能釣到魚嗎？顯然沒有那麼簡單，釣過魚的人會說，還要瞭解魚和場地的特點，甚至是氣候與心情的變化……

六物具而釣魚，是釣魚的先決條件。邵子在此强調必要先隨順物之理，否則觀物處事將無法展開。今日世界科技的大發展，恰恰就是建立在人類能够突破成見以事實爲根據的基礎之上。所以，察物之理必是觀物之基礎，基礎牢固纔有更大的發揮「性」與「命」的空間。

黃老之學的無爲法，是不以我的臆斷而爲，其目的就是要讓最徹底的物之理展現在面前。釋家之隨順世間，也是先要隨，隨的就是這個事物之理。以經國濟世爲目標的儒家就更加現實，必以窮理爲最高理想。這也可以説是今人所謂的實事求是之唯物論。察「理」是觀物的先决條件，但要想最終「釣到魚」，邵子在此指出，還要全面考慮「性」與「命」的因素纔能達成結果。

第七段　原文及注釋

樵者曰：「人有禱（禱：讀dao第三聲，指請求神靈保佑的儀式）鬼神而求福者，福可禱而求耶？求之而可得耶？敢問（敢問：是疑問語氣中的一種謙詞，委婉的表示請問之意）其所以。」

曰：「語善惡者，人也；福禍者，天也。天道福善而禍淫（天道福善而禍淫：淫：在此是指多的、過分的意思。關於天道的本質屬性，在經典中多有闡釋。《道德經・第五章》：天地不仁，以萬物爲芻狗；《道德經・第七十七章》：天之道，損有餘而補不足），鬼神其能違天乎？（關於祭祀鬼神的社會作用，舉例如下。《墨子・明鬼下》：子墨子言曰：逮至昔三代聖王既沒，天下失義，諸侯力正，是以存夫爲人君臣上下者之不惠忠也，父子弟兄之不慈孝弟長貞良也，正長之不强於聽治，賤人之不强於從事也，民之爲淫暴寇亂盜賊，以兵刃毒藥水火，退無罪人乎道路率徑，奪人車馬衣裘以自利者并作，由此始，是以天下亂。此其故何以然也？則皆以疑惑鬼神之有與無之別，不明乎鬼神之能賞賢而罰暴也。今若使天下之人，偕若信鬼神之能賞賢而罰暴也，則夫天下豈亂哉！《論語・八佾》：祭神如神在）自作之咎，固難逃已。天降之灾，禳（禳：禳讀rang第二聲，禳鬼神祈禱消除灾殃）之奚益？修德積善，君子常分（分：「分」讀fen第四聲，指本份。關於君子本份的具體内容，舉例如下。《論語・學而》：子曰：學而時習之，不亦説乎。有朋自遠方來，不亦樂乎。人不知而不愠，不亦君子乎；《荀子・勸學》：君子博學而日參省乎己）。安有餘事於其間哉！」（關於「君子安有餘事於其間哉！」的詳細展開，經典中的闡釋，舉例如下。《論衡・解除》：衰世好信鬼，愚人好求福。周之季世，信鬼脩祀，以求福助。愚主心惑，不顧自行，功猶不立，治猶不定，故在人不在鬼，在德不在祀。國期有遠近，人命有長短。如祭祀可以得福，解除可以去凶，則王者可竭天下之財，以興延期之祀；富家翁媪，可求解除之福，以取踰世之壽。案天下人民，夭壽貴賤，皆有禄命；操行吉凶，皆有衰盛。祭祀不爲福，福不由祭祀，世信鬼神，故好祭祀。祭祀無鬼神，故通人不務焉；《皇極經世書·觀物内篇五十六》：夫人不能自富，必待天與其富然後能富；人不能自貴，必待天與其貴然後能貴。若然，則富貴在天也，不在人也。有求而得之者，有求而不得者矣，是繫乎天者也。功德在人也，不在天也。可脩而得之，不脩則不得，是非繫乎天也，繫乎人者也。夫人之能求而得富貴者，求其可得者也。非其可得者，非所以能求之也。昧者不知，求而得之則謂其己之能得也，故矜之；求而不得則謂其人之不與也，故怨之。如知其己之所以能得，人之所以能與，則天下安有不知量之人耶？天下至富也，天子至貴也，豈可妄意求而得之也？雖曰天命，亦未始不由積功累行，聖君艱難以成之，庸君暴虐以壞之，是天歟？是人歟？是知人作之咎，固難逃已；天降之災，禳之奚益？積功累行，君子常分，非有求而然也。有求而然者，所以謂利乎仁者也。君子安有餘事於其間哉？！）

樵者曰：「有爲善而遇禍，有爲惡而獲福者，何也？」

漁者曰：「有幸與不幸也。幸不幸，命也；當不當，分也。一命一分，人其逃乎（人其逃乎：這是倒裝反問的語式，意思是：人怎麼能够幸免呢？！）？」

曰：「何謂分？何謂命？」

曰：「小人（小人，在此指不積德行善違反天道的人。關於「小人」的特點，舉例如下。《周易·繫辭下》：子曰：小人不恥不仁，不畏不義，不見利不勸，不威不懲，小懲而大誡，此小人之福也）之遇福，非分也，有命也；當禍，分也，非命也。君子（君子，在此指積德行善合於天道的人。關於「君子」與「小人」的特點與作用，舉例如下。《周易·乾卦》：君子終日乾乾，夕惕若，厲，無咎；《詩經·周南·關雎》：窈窕淑女，君子好逑；《諸葛亮集·出師表》：親賢臣，遠小人，此先漢所以興隆也；親小人，遠賢臣，此後漢所以傾頹也）之遇禍，非分也，有命也；當福，分也，非命也。」（關於君子處在小人當道的境遇時應該采取的態度，舉例如下。《周易·剝卦》：不利有攸往，小人長也；《周易·乾文言》：潛龍勿用，何謂也？子曰：龍德而隱者也，不易乎世，不成乎名，遯世無悶，不見是而無悶，樂則行之，憂則違之，確乎其不可拔，潛龍也；《周易·艮卦》：時止則止，時行則行，動靜不失其時，其道光明）

第七段　譯文

樵夫問：「有的人祈禱請求鬼神希望得到福祉，那麽可以用祈禱得到福祉嗎？祈禱請求了就會得到嗎？請您給我講講其中的道理。」

漁夫説：「人祇能評論善惡的結果，而真正導致禍福的原因是天道。天道的方向是讓善良的人得到福報，讓貪得無厭的人得到禍患，鬼神難道能够違背天道的規律嗎？！如果是自己作了有違天道的事，肯定逃不過天道的懲罰。那麽，如果是天道的懲罰，通過嚮鬼神祈禱又有什麽用呢？！修身積德是君子的本份，難道還應該存着什麽其他的僥倖嗎？！」

樵夫問：「這世間有積善但是遭到禍害的，有作惡反而得到福報的，這是怎麽回事呢？」

漁夫説：「這種情况和幸運與不幸運有關。幸不幸運，是天命的循環規律；人是否積德行善，是理所當然還是不然的問題。命運與本分之間，是必然性與偶然性交織在一起的，在這兩者的共同作用下造成了世間的各種現象，身處其中的人又怎麽能逃脱的了呢？！」

樵夫問：「什麼體現了本份？什麼體現了命運？」

漁夫說：「小人得到福報，這不是他本份應得的，是命運的偶然性造成的；小人得到禍患，是他的本份應得的，不是命運的偶然性造成的。君子遇到禍患，不是他本份應得的，是命運的偶然性造成的；君子得到福報，是他的本份應得的，不是命運的偶然性造成的。」

第七段　探微觀旨

「命」如果用今天的語言表達就是週期性，而週期性的本質就是因果，如果沒有了「因」就沒有了「果」，沒有了因果也就沒有了事物發生發展的過程，沒有了過程也就沒有了所謂的週期性。對週期性的研究，本質就是對因果間對應關係的研究。

「分」是在具體情況下社會道德與文化評價的標準，是隨着不同天時、不同地利、不同人文觀念的條件而變化的。

在千變萬化的「分」與週期更替的「命」之間必然存在一個連接的紐帶，那就是天道。天道不會因爲時代、地域、文化等的不同而改變標準，天道所作的衹是剝有餘而奉不足，也就是「福善而禍淫[一]」。但是「公平」和「正義」是兩個概念，追求當下絕對的公平就無法保證整體的正義性；完全追求正義性將會限制每個個體公平發展的權利。所以，公平與正義往往在時間與空間上是錯位的。正是這種錯位，纔能讓兩者在完整的週期中得到兼顧，也正是這種錯位蒙蔽了人性的認知從而

[一] 淫：《說文》「久雨曰淫。」，淫字的本意是指河水流溢，泛濫，逐漸蔓延，後引申指放縱的、過度的、無節制的貪婪。可見「淫」字的本意是指過度貪求超出本分的狀態，後來「淫」字又發展出指代男女之事的意思。如果把「淫」字僅解釋爲男女之事，那麼「富貴不能淫」將令人費解；「飽暖思淫欲」將令人曲解……

產生僥倖。如果以孤立生死論「爲惡獲福」與「爲善遇禍」那將是令人費解的，會直接導致歷史虛無主義或玩世不恭的處事態度。但如果以跨越生死的業力輪迴而論，此「命」與「分」，又能和諧的統一在因果的必然規律之上。經過邵子條分縷析的説明，顯然，在天道因果的必然性面前，除了反身修己，君子「安有餘事於其間哉！」。

關於「分」與「命」與「天道」三位一體的關係，中國的天道思想體系在先秦百家争鳴以前本來有着明確而統一的理解，請參考已出土的重要歷史文獻：郭店楚簡《太一生水》篇和《窮達以時》篇[二]以及《黄帝四經》[三]的記載。春秋以降禮崩樂壞，諸子百家各擅其專偏執一隅，自孔夫子發出禮崩樂壞的悲嘆之後千年有餘，邵子用觀物之法再言道統，可謂振聾發聵之人。

[二] 郭店楚簡《太一生水》篇和《窮達以時》篇：郭店楚簡，一九九三年十月在湖北省荆門市郭店村楚墓中出土的竹簡被學術界譽爲「改寫中國思想史的典籍」，這是一批内容非常豐富的歷史文獻資料，據它的下葬年代推測，這些資料的匯總處在中國先秦各種思想流派產生之前，而其内容的產生與流傳必然更早。所以，這是研究中國思想源流極具價值的考古文獻之一。《太一生水》是其中一篇，主要論述了宇宙的起源、天地萬物的產生與天道運行的規律；《窮達以時》是其中的另一篇，列舉大量例證，論述天道、人倫與本分之間的關係。

[三] 《黄帝四經》：一九七三年在湖南長沙馬王堆三號漢墓中出土的自漢代以後就失傳的《黄帝四經》，其中包含《經法》《十大經》《稱經》《道原經》，共計約一萬一千餘言，記載了中國自上古傳承下來的，在天人合一思想指導下如何看待治國、修身、審美等問題的重要文獻，其不但爲自戰國到西漢初期盛行的黄老之學提供了有力的文獻證據，也是中國文化體系中天道思想源頭統一性的明證。

第八段　原文及注釋

漁者謂樵者曰：「人之所謂親（親：在這裏指親屬關係），莫如父子也；人之所謂疎（疎：通「疏」，在這裏指没有親屬關係），莫如路人（路人：指陌生人）也。利害在心，則父子過路人遠矣。父子之道天性也（天性：指与生俱来的本性，「父子之道天性也」出自《孝經・聖治》），利害猶或奪之，况非天性者乎？夫利害之移人，如是之深也，可不慎（慎：慎重。關於「慎」的更廣泛含義，舉例如下。《論語・學而》：子曰：「君子食無求飽，居無求安，敏於事而慎於言，就有道而正焉，可謂好學也已。」；《論語・爲政》：子張學干禄。子曰：「多聞闕疑，慎言其餘，則寡尤；多見闕殆，慎行其餘，則寡悔。言寡尤，行寡悔，禄在其中矣。」；《論語・述而》：子之所慎：齊，戰，疾；《論語・泰伯》：子曰：「恭而無禮則勞，慎而無禮則葸，勇而無禮則亂，直而無禮則絞。君子篤於親，則民興於仁；故舊不遺，則民不偷。」）乎？路人之相逢則過之，固無相害之心焉，無利害在前故也。有利害在前，則路人與父子又奚擇焉？路人之能相交以義，又何况父子之親乎？夫義者，讓（讓：謙讓。關於「讓」的更廣泛含義，經典中的闡釋，舉例如下。《論語・學而》：子禽問於子貢曰：「夫子至於是邦也，必聞其政，求之與？抑與之與？」子貢曰：「夫子温、良、恭、儉、讓以得之。夫子之求之也，其諸异乎人之求之與？」；《論語・八佾》：子曰：「君子無所争，必也射乎！揖讓而升，下而飲，其争也君子。」；《論語・里仁》：子曰：「能以禮讓爲國乎？何有？不能以禮讓爲國，如禮何？」朱熹注：讓者，禮之實也）之本也；利者，争之端也。讓則有仁（仁：寬容、慈悲、推己及人的處事態度。這是中國思想體系中重要的概念之一，在很多經典中對此有更全面的闡釋，舉例如下。《論語・學而》：子曰：「巧言令色，鮮矣仁！」；《論語・子罕》：子曰：「知者不惑，仁者不憂，勇者不懼。」；《論語・顔淵》：樊遲問仁。子曰：「愛人。」；《論語・憲問》：子曰：「君子而不仁者有矣夫，未有小人而仁者也。」」；《論語・衛靈公》：子曰：「當仁不讓於師。」；《論語・陽貨》：子張問仁於孔子。孔子曰：「能行五者於天下，爲仁矣。」請問之。曰：「恭、寬、信、敏、惠。恭則不侮，寬則得衆，信則人任焉，敏則有功，惠則足以使人。」；《禮記・中庸》：仁者人也，親親爲大；義者宜也，尊賢爲大；《韓非子・詭使》：少欲寬惠行德謂之仁；《孟子・公孫丑上》：孟子曰：「矢人豈不仁於函人哉？矢人唯恐不傷人，函人唯恐傷人。巫匠亦然，故術不可不慎也。孔子曰：「里仁爲美。擇不處仁，焉得智？」夫仁，天之尊爵也，人之安宅也。莫之禦而不仁，是不智也。不仁、不智、無禮、無義，人役也。人役而恥爲役，由弓人而恥爲弓，矢人而恥爲矢也。如恥之，莫如爲仁。仁者如射，射者正己而後發。發而不中，不怨勝己者，反求諸己而已矣。」」），**争則有害。仁與害，何相去之遠也！堯**（堯：唐堯、帝堯，姓伊祁，名放勳，古唐國（今山西臨汾）人，帝嚳之子，中國上古時期方國聯盟首領、五帝之一。十三歲封於陶（山西襄汾縣陶寺鄉），輔佐摯。十五歲，改封於平陽（今山西臨汾），號爲陶唐氏。二十歲，堯代摯爲天子，定都平陽。七十年後，堯老，堯命舜代己執政，堯禪讓二十八年後死去，葬於谷林（山東省鄄城縣））、**舜**（舜：姚姓，有虞氏，名重華，字都君，中國上古時期方國聯盟首領、五帝之一，華夏文明的重要奠基人。相傳舜在二十歲的時候，以孝行聞名。後經舉薦，舜被堯立爲繼承人。舜任命禹治水，完成了自堯以來未完成的大業，後又整頓禮制，減輕刑罰，統一度量衡。舜去世於南巡途中的蒼梧之野，葬於江南九疑山（今湖南永州市寧遠縣））**亦人也。桀**（桀：姒姓，名履癸，西河（河南省安陽市湯陰縣東菜園鎮西河村）人。夏朝末代君主，帝發的兒子，古代歷史上有名的暴君。其人文武雙全，統治期間遷都於斟鄩，荒淫無度，暴虐無道，諸侯不朝。商國君主成湯在伊尹、仲虺的輔佐和謀劃下，陸續滅亡韋國、顧國、昆吾。夏桀在位52年，在鳴條之戰中，他兵敗被俘，被放逐於南巢，標誌着夏朝覆亡。數年以後，客死於南巢）、**紂**（紂：帝辛（約公元前一一〇五年—公元前一〇四六年），子姓，名受（一作受德），商朝末代君主，世稱「紂」（一説爲「受」、「商紂王」等）。據夏、商、周斷代工程資料，將其在位時間推定爲三十年（公元前一〇七五年—公元前一〇四六年）。帝辛是帝乙少子，繼位後，在内營建朝歌、加重賦斂、嚴格周祭制度、改變用人政策、推行嚴刑峻法；對外屢次發兵攻打東夷諸部落。其種種舉措在統治集團内部引發矛盾，動摇了商王朝的統治基礎。牧野之戰，商軍被周武王所率諸侯聯軍擊敗，帝辛身死，商朝滅亡。在傳統史學敘述中，帝辛沈湎酒色、窮兵黷武、重刑厚斂、拒諫飾非，與夏桀并稱「桀紂」，是典型的暴君，由於衆叛親離終至身死國滅）亦人也，人與人同而仁與害异爾（在經典中對「堯」「舜」「桀」「紂」的歷史功過舉例如下。《莊子・秋水》：當堯舜而天下無窮人……當桀紂而天下無通人；《禮記・大學》：一家仁，一國興仁；一家讓，一國興讓；一人貪戾，一國作亂。其機如此。此謂一言僨事，一人定國。堯、舜率天下以仁，而民從之；桀、紂率天下以暴，而民從之。其所令反其所好，而民不從。是故君子有諸己而後求諸人，無諸己而後非諸人。所藏乎身不恕，而能喻諸人者，未之有也。故治國在齊其家；《論衡・齊世》：世常以桀紂與堯舜相反，稱美則説堯舜，言惡則舉紂桀；《論衡・解除》：行堯舜之德，天下太平，百災消滅……行桀紂之行，海内擾亂，百禍并起）。仁因義而起，害因利而生。利不以義，則臣弒（弒：作臣子的把君王或是作子女的把父母殺害了）其君者有焉，子弒其父者有焉。豈若路人之相逢，一目而交袂（交袂：交，遇到；袂，袖子。交袂指擦肩而過的相遇）於中逵（中逵：逵，四通八達的大路，這裏泛指在大路上）者哉！」

樵者謂漁者曰：「吾嘗負薪（負薪：負，背；薪，柴）矣，舉百斤而無傷吾之身，加十斤則遂傷吾之身，敢問何故？」

漁者曰：「樵（樵：在這裏指打柴的技術）則吾不知之矣。以吾之事觀（觀：在這裏是推想、推論的意思）之，則易地皆然。吾嘗（嘗：曾經）釣而得大魚，與吾交戰。欲棄之，則不能捨，欲取之，則未能勝。終日而後獲，幾有没溺（没溺：被水淹死）之患矣。非直有（直有：僅有）身傷之患耶？魚與薪則异也，其貪而爲傷則一也。百斤，力分之内者也，十斤，力分之外者也。力分之外，雖一毫（毫：是極小的重量單位，在這裏指極小的一點重量）猶且爲害，而况十斤乎！吾之貪魚亦何以异子之貪薪乎！」

樵者嘆曰：「吾而今而後，知量力而動者智矣哉！」

第八段　譯文

漁夫對樵夫說：「在一個人與其他人的關係中，最親近的是父親和兒子的關係，最疏遠的是陌生人之間的關係。如果心中有利益的考量，那麼父子之間可能比陌生人之間還要疏遠呢！父親和兒子的關係是天生的血緣關係，利益的考量甚至可以把這種關係疏遠，更何況是和沒有血緣關係的陌生人之間呢？可嘆，對利益的考量能够多麼深刻的改變人的天性，怎能不慎重對待啊！陌生人相逢擦肩而過，也没有相互傷害的心，那是因爲互相之間没有利害關係的緣故。當人與人之間有利害關係的時候，不會因爲是父子還是陌生人而有什麼不同的。陌生人之間也是可以以道義相互交往的，那麼父子至親之間又怎麼不能以道義相互交往呢？！道義的本質，是謙讓；對利益的考量，就是争奪的開始。謙讓就會發揚仁德的精神，争執就會産生各種傷害。同樣是人，怎麼會産生仁德和傷害兩種差距如此之大的結果呢！堯、舜也是人，桀、紂也是人，人和人都是一樣的，但仁德和傷害却不同。仁德是因爲講道義而産生的，傷害是因爲争奪利益産生的。如果不用道義的方法獲得利益，那麼臣子殺害君主的事會發生；兒子殺害父親的事也會發生，還不如陌生人相逢在路上，衹是相望一眼就擦肩而過呢！」

樵夫對漁夫說：「我時常要背起我打的柴，一次舉起百斤重的柴身體都可以承受，但是如果再加十斤的分量就會傷到身體，請問這是什麼緣故？」

漁夫說：「對打柴這件事我并不瞭解，但以我釣魚這件事的道理推想，應該是一樣的。我曾經釣到過大魚，魚和我交戰，我想放棄了，但又捨不得，想要把魚拉上來，又不能戰勝。我們僵持了一整天，然後我纔把魚拉上岸，在這麼長的過程中，我幾乎有被魚拉到水裏淹死的危險。這不僅僅是身體受傷的問題了，已經有性命之憂了。我釣的魚和您打的柴雖然不是同一種東西，但人因爲貪求而受到傷害的結果是一樣的。能背起百斤的柴，是您的能力可以辦到的，再加十斤，是超出您能力範圍的。超出能力範圍的事，就是再加一分一毫的分量都會對身體造成傷害，何况是再加十斤呢？！我貪圖釣到大魚和您貪圖多背些柴的道理不是一樣的嗎！」

樵夫感嘆的說：「我明白了，從今而後要能量力而取纔是明智的啊！」

第八段　探微觀旨

邵子以「父子」與「路人」這兩種最大反差的人際關係提示觀物者，如何平衡利害纔是個體與個體之間相處的關鍵所在。處理利害關係的最佳方式是「讓」，讓出於「義」，義又發乎於「仁」。那麼「仁」到底是一種什麼樣的境界呢？「仁」字從字型上看就很直觀的表達出是二人相親近在一個整體之中的樣子，就「仁」這個概念所表達的社會意義講，這「二人」顯然可以推及到任何關係中的不同對象。仁的本質就是將我們所處事件的各方看成是一個整體的思維方式。當精神境界達到這種高度的時候，纔能將關係中各方的利益都納入考量，如此則會發現萬事萬物本來就是相互聯繫的一個整體，而且還是永遠變動體無定體的。從終極的目標來講追求任何確定的結果都是不可能和没有意義的，所以落實到具體的處事過程中就能夠明白，個體利益與整體利益的平衡纔是最大程度的有利於自己利益的選擇。對利益的追求是人性的本質，境界的提高不是靠理想主義的説教能夠達到的，而是要讓觀察者確實看到了更全面的整體，然後自然而然做出的更好選擇。「仁」字本身就體現出一種超脱於個人利益的整體觀視角，當觀察者能夠放下自我的私欲，看到事物中所有部分的利益需求，於是就産生了「義」，「義」的本質是高層次的審時度勢隨機應變。有了「義」觀察者纔能從真正的遠見出發發自内心的「讓」，這個「讓」既不是一味的無底綫的做濫好人，也不是虛情假意的巧言令色，而是明澈洞察之後求仁得仁的陽謀。這種觀物處世的態度與行爲是一條實實在在通往更高境界的路，是任何人通過努力實踐都可以達到的聖賢境界。明白了這些纔能真正懂得聖賢的坦蕩胸懷與平静内心。

當觀察者能够把各方的利益都納入討論的範疇，往往平衡它們并不難，或者説那也衹是技術問題，但如果觀察者衹能以自身的利益去處理關係，則很有可能會犯方向性的錯誤，縱使千般努力終究離題萬里。遠觀堯舜與桀紂之别的關鍵在於方向而不是方法；近看人類這一百餘年在全球化過程中所經歷的兩次世界大戰，就是由於歐洲的德國和亞洲的日本在英美已經霸占了全球海洋貿易通路以後，想要打通陸路貿易通路尋求自身利益最大化所造成的。所以在朝鮮通往中國腹地的東北爆發日俄戰争；在德國通往中東及亞洲的巴爾干半島爆發一戰；在沿亞洲海岸南下攫取自然資源的路上爆發一系列的日美海戰……這一切難道衹是理想化的自由主義與專制主義之争嗎？！是利益，是巨大的利益導致了深刻的分歧，而如何分配利益的思路决定了人類社會的走向。世界已經付出如此慘痛的代價，但人類似乎并未真正從中吸取教訓。如果人類仍然沉醉於割裂的所謂政治、經濟、民族、文化的利害之争，雖然世界仍然會生生不息，但未來世界發展的主導權將不再屬於人類。

在確定了關係中的利害之後，决定如何取捨就是解决問題的具體方法了。雖然取捨的尺度難於衡量，但底綫在哪裏要首先考慮好。想透自己的底綫，未思進先思退量力而行是待時而動的先决條件；分析對方的底綫看清對方的需求，是百戰不殆的總則。做人做事最怕就是没有想好底綫在哪裏，固然害人不淺，最終害己更深。如果再以兩次世界大戰爲例，自二戰結束已經七十餘年過去了，那些不自量力的國家至今仍然無法獲得民族文化的獨立和政治經濟的自主權，此足以爲後人戒。老子所言「知人者智，自知者明[一]」，單説「知人」與「自知」都是空泛的，衹有在明確的整體中衡量，纔能確定知人與自知的程度與意義，纔能將知人與自知變成實際的效果。從時空的整體中看去，能够以智巧知人者固然占得先機，但終不若自知者能守其法度。先機是變化的此刻，法度是最終的趨勢。先機隨時而變，法度無愧良心。所以古人纔諄諄以戒：德不配位必有殃災，反身自知是爲明智之始，量力而取方能持盈保泰。

回顧人類所有的政治、經濟、文化、科技都是人類在追求利益的時候衍生出來的外在形式而已。那麼，人類社會到底應不應該有一種制度或者説是一種體制需要讓所有的人去追隨、去遵從呢？從終極的目標講，肯定是没有的。人類社會的終極目標應該是個體能够充分與社會整體相融合，社會整體又能够充分包融個體獨特性的世界大同。但以現階段人類精神境界的發展水平看，又需要體制、國家、文化體系的維護，這些表現形式的本質作用是讓人類更加深入的瞭解自己與認識世界的本質。無法充分的自知就無法推己及人，無法充分的知人也不會達到真正的自知。人類不走過這種過程，就無法達到心靈境界的充分融合。這和一個個體心靈成長的過程一樣，剛開始步入社會要分清一切，這叫做學會人生，經過漫長的實踐與感悟，當愛恨交織驀然回首之時又好像分不清也不必分清一切了，這叫做看透人生。這分的清與分不清真的有什麼區别嗎？其實没有。那是因爲人的本性本是同出一處并無二致的啊！

[一] 知人者智，自知者明：出自《道德經·第三十三章》「知人者智，自知者明。勝人者有力，自勝者强。知足者富，强行者有志，不失其所者久，死而不亡者壽。」

第九段　原文及注釋

樵者謂漁者曰：「子可謂知《易》（《易》：指《周易》，是闡述中國思想體系認知天地大道的規律與方法論的一本書，相傳此書是人更三聖世歷三古而成，自西漢以來便被視爲中國文化的群經之首）之道矣。吾敢問：《易》有太極，太極（太極：是中國思想體系特有的概念，它描述的是能够産生和消融一切的合和狀態）何物也？」

曰：「無爲（無爲：無爲是中國思想體系特有的概念，無爲不是什麽都不做，而是順應天地變化的規律而爲的觀念。在很多經典中都有闡發，舉例如下。《道德經·第三十七章》：道常無爲而無不爲；《道德經·第三十八章》：上德無爲，而無以爲；下德爲之，而有以爲；《道德經·第四十八章》：損之又損，以至於無爲，無爲而無不爲；《莊子·至樂》：天無爲以之清，地無爲以之寧，故兩無爲相合，萬物皆化）之本也。」

（此處依上下語意判斷，應是少一「曰」字，指代樵者發問）「太極生兩儀（兩儀：這是中國思想體系特有的概念，是指從太極這種狀態分化出的兩種相互對峙又相互轉化、相互依存又相互滲透的兩種力量的總稱）。兩儀，天地之謂乎？」

曰：「兩儀，天地之祖也，非止爲天地而已也。太極分而爲二，先得一（一：這裏指推動太極分化爲兩儀的原動力）爲一（一：指兩儀之中的陽性部分），後得一爲二（二：指兩儀之中的陰性部分）。一二（一二：關於這裏的一與二，是人們爲了表達需要，所以把這兩部分用「一」和「二」的代號來命名，而所謂「先得」和「後得」也是對事物相對空間狀態的比喻，事物在從太極狀態分化到兩儀狀態的時候，從時間層面看陰與陽是同時形成而且是不可分割的，并且陰陽之間的狀態也不是固定不變的）謂兩儀。」

曰：「兩儀生四象（四象：這是中國思想體系特有的概念，是事物在兩儀之下又會分化出：陰、陽、剛、柔這四種狀態），四象何物也？」

曰：「大象（大象：這裏指大的現象或形象。人們能够見到的最大的「象」莫過於「天」與「地」，對於天地大象在經典中的描述，舉例如下。《皇極經世書·觀物内篇五十一》：天之大，陰陽盡之矣；地之大，剛柔盡之矣。陰陽盡而四時成焉，剛柔盡而四維成焉。夫四時四維者，天地至大之謂也）謂陰陽剛柔。有陰陽然後可以生天（天：這裏指人們日常所見之天），有剛柔然後可以生地（地：這裏指人們日常所見之地）。立功（立功：立，是建立、産生；功，是事物的結果。合起來指産生出事物的結果（這裏指産生天與地））之本，於斯爲極（於斯爲極：於，在；斯，這個；爲，是；極，最大的）。」

曰：「四象生八卦（八卦：是中國思想體系特有的概念，是在四象之下事物會再發展出八種不同的狀態），八卦何謂也？」（事物從太極到兩儀，再到四象，再到八卦的變化過程，在經典中多有描述，舉例如下。《周易·繫辭上》：易有太極，是生兩儀，兩儀生四象，四象生八卦；《道德經·第四十二章》：道生一，一生二，二生三，三生萬物；《周易本義》：易者，陰陽之變；太極者，其理也。兩儀者，始爲一畫，以分陰陽；四象者，次爲二畫，以分太少。八卦者，次爲三畫，而三才之象始備）

曰：「謂乾、坤、離、坎、兑、艮、震、巽之謂也。迭相（迭相：相互更替）盛衰終始於其間矣。因而重之（因而重之：因，指推動事物變化的原動力；重之，重疊、交錯、影響。在陰陽相互作用的原動力推動下，它們（指八種不同的狀態）又會再相互之間發生關係、產生變化），則六十四（卦）（六十四卦：是中國思想體系特有的概念，八種狀態之間相互影響，事物會再產生出六十四種更細分的狀態。關於六十四卦的產生過程，舉例如下。《周易·繫辭上》：六爻之動，三極之道也；《周易·説卦》：昔者聖人之作《易》也，將以順性命之理，是以立天之道曰陰與陽，立地之道曰柔與剛，立人之道曰仁與義。兼三才而兩之，故《易》六畫而成卦。分陰分陽，迭用柔剛，故《易》六位而成章）由是而生也，而《易》之道始備矣。」

第九段　譯文

樵夫對漁夫說：「您真可謂是瞭解《易經》的道理啊！可否請問您：《易經》裏說到太極的概念，太極是什麽呢？」

漁夫說：「太極就是我們所説的「無爲」的本質。」

「從太極的狀態生出兩儀。那麽，兩儀就是指的天與地嗎？！」

漁夫繼續說：「兩儀，也就是天與地的最初狀態，但不僅指我們平常所見的天與地而已。太極的狀態分爲兩部分，其中的一部分我們把它稱爲「一」，另一部分我們稱爲「二」。爲了概括説明的方便，稱其爲「一與二」。」

樵夫問：「兩儀生四象，四象又是什麽呢？」

漁夫說：「從大現象的分類上說，有陰、陽、剛、柔之分。有了陰與陽的分别，纔能產生天；有了剛與柔的分別，就可以生成地。就建立功業的角度來說，在我們所認知的世界中，產生天與地是最大的功績啊！」

樵夫問：「四象生八卦，那麼八卦是什麼呢？」

漁夫說：「八卦是：乾、坤、離、坎、兑、艮、震、巽。這八種狀態，或強盛或衰落在天地間不斷變化。它們之間相互作用與影響，就產生了六十四種大的狀態，也就是六十四卦。六十四卦產生了，《易》道變化的道理也就完備了。」

第九段　探微觀旨

邵子在此概括描述了易道體系的形成。自太極一炁陰陽初分，到四象更替八卦示相，因而重之而變化備矣。

從「太極一炁」到「變化完備」是易道發展的過程，而易道是古聖先賢從自然之中提煉出來，爲了反應萬事萬物在多變表象下不變的那個變化規律的。對易道的描述是形而上的，是對事物發展變化狀態的描述，所以太極、一、二……都是舉例説明的代名詞而已。

易之道是經綸天地包含萬物的，也就是説，從「太極一炁」到「變化備矣」的這種演進過程是在各種大小、各種層次上隨時展開周而復始的。所謂，陰陽之下再分陰陽，無限可分循環無終。邵子衹是拿天與地作例子，因爲這一對陰陽的産生與變化對於我們最宏觀、最好理解。

中國文化所言的「易道」就好像一個無形的車輪之軸，車輪轉動的原動力就是陰陽之間相互的依存與轉化，而這生生不息的萬物就好像是轉動的車輪，中國人用四象八卦五行生克描述其運行的規律。車輪圍繞軸心轉動不息，那個無形的軸貫穿始終却是不動如山。衹有把易道發展循環的整體過程放在心上，以此觀物方能看清事物在時空中所處的位置，鑒往知來遂成可能。若條件變化往來亦變，變化無窮唯變不變，生生不息是爲世界。

第十段　原文及注釋

樵者問漁者曰：「復（復：在這裏指《周易》中的復卦）何以見天地之心乎？」

曰：「先陽（陽：在此指陽的力量，在六十四卦陰陽消長的變化中，「復」卦所處的位置是，陽氣已經衰弱到極致後再次萌生的狀態）已盡，後陽始生，則天地始生之際。中則當日月始周之際，末則當星辰始終之際。萬物死生，寒暑代謝，晝夜變遷，非此無以見之（關於陰陽相互之間的作用，舉例如下。《周易·繫辭上》：剛柔相摩，八卦相蕩。鼓之以雷霆，潤之以風雨，日月運行，一寒一暑，乾道成男，坤道成女。乾知大始，坤作成物；《周易·繫辭下》：日往則月來，月往則日來，日月相推而明生焉。寒往則暑來，暑往則寒來，寒暑相推而歲成焉）。當天地窮極之所必變，變則通，通則久（變則通，通則久：出自《周易·繫辭下》：易窮則變，變則通，通則久。是以自天祐之，吉無不利，黄帝、堯、舜垂衣裳而天下治，蓋取諸乾坤），故《象》（《象》：這裏指《周易》的《大象》辭，是《周易》最核心的解釋性文字「十翼」之一）言「先王以至日（至日：指每年的冬至日）閉關（閉關：指關閉關隘），商旅不行，后（后：本來僅指君主的正妻。在此泛指君主以及其家族的成员）不省方（省方：到地方上去視察）」順天故也。」（「復」卦的本質含義是要以静觀動，對於「復」的狀態在經典中的闡釋，舉例如下。《道德經·第十六章》：致虚極，守静篤。萬物并作，吾以觀其復。夫物芸芸，各復歸其根。歸根曰静，是謂復命。復命曰常，知常曰明。不知常，妄作凶；《道德經·第四十章》：反者道之動，弱者道之用。天下萬物生於有，有生於無；《周易注》：冬至，陰之復也。夏至，陽之復也。故爲復則至於寂然大静，先王則天地而行者也。動復則静，行復則止，事復則無事也；《皇極經世書·觀物外篇下》：天地之心者，萬物之本也）

第十段　譯文

樵夫問漁夫說：「從《易經》中的復卦怎麽能瞭解到天地運行的本質呢？」

漁夫說：「《易經》發展到復卦這種狀態的時候，是前面「陽」的力量已經用盡，後面「陽」的力量剛剛產生，正處在一個新天地的產生時刻。這種狀態的開始就好像日升月落運行的樣子，結束就好像星辰更替的變化。我們看到世間萬物的生生死死，寒來暑往，日夜的更替，纔能知道天地的變化。天地的狀態發展到某種極端的時候就必然發生變化，變化了就會通達，通達了纔能長久，所以《周易》復卦的《大象》辭裏説：「古代的帝王到了每年的冬至那天都要下令關閉關隘，使到處活動的商旅不能行動，即便是王室的成員也不許離開自己的住所去地方上出游或視察。」這些都是爲了順應天地的變化規律。」

第十一段　原文及注釋

樵者謂漁者曰：「無妄（無妄：指《周易》中的無妄卦；），災也（災也：《周易·雜卦》：無妄，災也。）敢問其故？」（孔門對「無妄」卦的理解，收録在經典中，舉例如下。《周易·序卦》：復則不妄矣，故受之以無妄；《周易集解·卷六》：崔憬曰：物復其本，則爲誠實，故言復則無妄矣；《論語·顏淵》：子曰：「非禮勿視，非禮勿聽，非禮勿言，非禮勿動。」）

曰：「妄則欺也，得之必有禍（禍：這裏指因人爲的惡意或錯誤而導致的損失或失敗），斯有妄也。順天而動，有禍及者，非禍也，災（災：這裏指由於天地運行的原因，必然導致的損失或失敗）也。猶農（農：這裏指從事農業生産的人）有思豐（豐：豐收）而不勤稼穡（稼穡：本意指農業勞動中的播種和收割，後泛指農業勞動）者，其荒（荒：這裏指農田没有收成）也，不亦禍乎？農有勤稼穡而復敗諸水旱（水旱：指水災和旱災）者，其荒也，不亦災乎？故《象》言「先王以茂對時育萬物」，貴不妄也。」（關於順應天時的思維方式，舉例如下。《黄帝四經·十大經·觀》：人静則静，人作則作……當天時，與之皆斷；當斷不斷，反受其亂）

第十一段　譯文

樵夫問漁夫：「《易經》裏無妄卦說，有灾難。請問有何深意？」

漁夫説：「「妄」就是不合於天道的動作，所以必然得到禍患。如果自身是順應天地的規律而行動，但是仍然産生了「禍」，那這不叫做「禍」，叫做「灾」。就好像，農民想得到豐收但没有認真勞作，使田地没有收成，這就是所謂的「禍」。如果農民認真的勞作但因爲不能預料的水旱灾害造成没有收成，這稱爲「灾」。所以《大象》辭裏説「古代的君王以各種手段促使人民來配合天時，以養育萬物。」這就是要强調順天修命的深意。」

第十二段　原文及注釋

樵者問曰：「姤（姤：讀gou第四聲，指《周易》中的姤卦），何也？」

曰：「姤，遇也。柔遇剛也，與夬（夬：讀guai第四聲，指《周易》中的夬卦）正反。夬始（始：作名詞，在此指中國哲學概念的陽）逼壯（壯，作名詞，在此指中國哲學概念的陰。《周易·姤·彖》：姤，遇也。柔遇剛也；《周易·夬·彖》：夬，決也，剛決柔也；《道德經·第三十章》：物壯則老，是謂不道，不道早已），姤始遇壯。陰始遇陽，故稱姤焉。（關於「陰陽」在人體之中的表現狀態，經典中有寓言如下。《莊子·應帝王》：鄭有神巫曰季咸，知人之生死存亡，禍福壽夭，期以歲月旬日，若神。鄭人見之，皆棄而走。列子見之而心醉，歸以告壺子，曰：「始吾以夫子之道爲至矣，則又有至焉者矣。」壺子曰：「吾與汝既其文，未既其實，而固得道與？衆雌而無雄，而又奚卵焉！而以道與世亢必信，夫故使人得而相女。嘗試與來，以予示之。」明日，列子與之見壺子。出而謂列子曰：「嘻！子之先生死矣，弗活矣，不以旬數矣！吾見怪焉，見溼灰焉。」列子入，泣涕沾襟，以告壺子。壺子曰：「鄉吾示之以地文，萌乎不震不正。是殆見吾杜德機也。嘗又與來。」明日，又與之見壺子。出而謂列子曰：「幸矣！子之先生遇我也。有瘳矣，全然有生矣。吾見其杜權矣。」列子入，以告壺子。壺子曰：「鄉吾示之以天壤，名實不入，而機發於踵。是殆見吾善者機也。嘗又與來。」明日，又與之見壺子。出而謂列子曰：「子之先生不齊，吾無得而相焉。試齊，且復相之。」列子入，以告壺子。壺子曰：「吾鄉示之以太沖莫勝。是殆見吾衡氣機也。鯢桓之審爲淵，止水之審爲淵，流水之審爲淵。淵有九名，此處三焉。嘗又與來。」明日，又與之見壺子。立未定，自失而走。壺子曰：「追之！」列子追之不及，反以報壺子，曰：「已滅矣，已失矣，吾弗及也。」壺子曰：「鄉吾示之以未始出吾宗。吾與之虛而委蛇，不知其誰何，因以爲弟靡，因以爲波流，故逃也。」然後列子自以爲未始學而歸，三年不出。爲其妻爨，食豕如食人。於事無與親，彫琢復樸，塊然獨以其形立。紛而封哉，一以是終）觀其姤，天地之心，亦可見矣。聖人以德化及此，罔有不昌。（觀「陰陽」變化的規律而得到的啓示，經典中的闡釋，舉例如下。《道德經・第七章》：天長地久。天地所以能長且久者，以其不自生，故能長生。是以聖人後其身而身先；外其身而身存。非以其無私耶？故能成其私；《道德經・第十章》：生之、畜之，生而不有，爲而不恃，長而不宰，是謂玄德；《道德經・第二十一章》：孔德之容，唯道是從；《道德經・第三十四章》：大道氾兮，其可左右。萬物恃之以生而不辭，功成而不名有。愛養萬物而不爲主。常無欲，可名於小；萬物歸焉而不爲主，可名爲大。是以聖人終不爲大，故能成其大；《道德經・第六十三章》：是以聖人終不爲大，故能成其大；《周易・姤・象》：天下有風，姤。后以施命誥四方；《毛詩正義・卷一》：風，風也，教也。風以動之，教以化之……君上風教，能鼓動萬物，如風之偃草也……風，言賢聖治道之遺化）故《象》言「施命誥四方」（施命誥四方：《周易正義・卷五》孔穎達疏「后以施命誥四方者，風行草偃天之威令，故人君法此以施教命誥於四方也。」），履霜（履霜：出自《周易》坤卦，指踩到地上有霜，就知道天氣冷了要結冰了，需小心走路。關於「履霜」的深入含義，舉例如下。《周易・坤文言》：積善之家，必有餘慶；積不善之家，必有餘殃。臣弑其君，子弑其父，非一朝一夕之故，其所由來者漸矣，由辨之不早辨也；《易》曰：「履霜堅冰至」，蓋言順也；）之慎，其在此也。」

第十二段　譯文

樵夫問：「《易經》裏的姤卦是在説什麼？」

漁夫説：「姤卦描述的是一種相遇的狀態。是「柔」遇到「剛」的狀態，和夬卦描述的狀態正相反。夬卦是「陽」的力量在逼迫「陰」的狀態，姤卦是「陽」的力量剛開始和「陰」相遇的狀態。陰剛剛遇到陽，所以稱爲姤。體會姤卦的含義，也可以明悉天地變化的規律。聖人處在姤卦這種狀態的時候，要以堂堂正正的道德宣教來面對，如此，則没有不因勢利導的。所以《大象》辭説：「聖人用佈告天下推行德政的方式來面對姤的狀態。」這就好像坤卦裏説的，踩到霜了就知道要結冰了，所以要小心走路的道理一樣啊。」

第十、十一、十二段　探微觀旨

邵子在闡明易道整體變化的規律後，例舉了六十四卦中幾個標誌性的節點，説明陰陽消長與人物興衰的關係。

復卦對應的天時爲十一（子）月，正當冬至之時一陽復生，爲人需静養正氣以觀天道，帝王尚且要閉關休省而况於百姓乎？！

無妄卦之言「灾」，必先别於「禍」。禍者，自作孽；灾者，天地陰陽之争。自作孽不可活，人禍也；天作孽猶可違，不妄動也。

姤卦對應的天時爲五（午）月，夬卦對應的天時是三（辰）月，此兩卦恰在陽極爲盛的乾卦所代表的四（巳）月前後，好似抛物綫最高點的兩邊。當「夬」之時，「陽」將要盛大至極，君子當「施禄及下，居德則忌[一]」以存謙退戒驕之心；當「姤」之時，「陰」開始蠢蠢欲動，君子以德居之「施命誥於四方」乃有防微杜漸之慎。

自宋代陳摶、周敦頤畫太極圖以來，人們便可以比較直觀地理解陰陽對峙變化的狀態，邵子所

[一] 施禄及下，居德則忌：出自《周易·夬·大象》「澤上於天，夬。君子以施禄及下，居德則忌。」，其意爲，澤的象在天的象上面，就是夬卦的樣子。君子處在這樣的時候，應該對下施以恩澤，如果居功自傲貪吝不施，則會受到别人的忌恨。

舉的若干卦例也可以在圖中找到對應的位置。囿於古人技術手段的限制，太極圖衹是二維的表現形式，但世界是隨時間的變化而變化的，如果把太極圖旋轉起來，隨着速度的變化，可以看到在圖中從太極到兩儀到四象八卦的演變過程，此可謂古人智慧的暗藏玄機。而太極圖中和現實存在最有關聯意義的部分恰恰是分割陰陽的那條綫。世間所有事物的存在都不可能是完全處於「陽」一邊的狀態，此所謂「孤陽不長」；所有事物的存在也不可能是完全處於「陰」一邊的狀態，此所謂「孤陰不生」，太極圖中用陰陽中的兩個點以表達這種意義。世間萬物之所以存在都處在陰陽和合的狀態之中，衹是和合的程度决定了其所在的位置與狀態。世間萬物其實都是在這條綫上往返循環的生生死死轉換狀態，人是萬物之靈就是因爲人可以從陰陽和合對峙的狀態中更長遠地瞭解過去和預料未來，這就是所謂的「智慧」。這種陰陽和合的原動力是宇宙運行的根本法則，也就是中國人所説的「道」。萬物都是從這個「道」中産生的，人也衹是萬物的一種而已，在這種根本大道的面前，一切技巧與心機最終都要服從於大道的共振頻率。與之共振則生生不息，不共振則會被扭曲毁滅，最後還要回到與此大道共振的頻率上去，此「天地不仁以萬物爲芻狗[二]」的本意，天地無所謂仁與不仁，萬物

［二］天地不仁，以萬物爲芻狗；聖人不仁，以百姓爲芻狗。天地之間，其猶槖籥乎：出自《道德經·第五章》，芻狗是指古人用於祭祀的草扎的狗，形容其没有感情；槖籥是古代鼓風吹火的器具，通過一抽一拉一鼓一癟帶動風箱嚮爐膛裏輸送更多氣體以助燃燒。

順之者生逆之者亡。中國的偉大聖賢就是因爲看到了這個宇宙的根本規律，所以世世代代苦口婆心地告誡後人要主動與此大道和諧共振纔是與天同壽與地并老的永續之道，此「聖人不仁以百姓爲芻狗」的本意。「天地之間其猶橐籥乎」這橐籥的一抽一拉像不像太極圖中穿越陰陽的那條分割綫的波動？！邵子以幾個關鍵的節點舉例，在陰陽轉化災至禍發之時，順逆衹在一念之間，此時更能啓迪人們的反思，考驗智者順天應人的決心。當機之發，天地尚不可移，而況於人乎？！古聖先賢諄諄以戒，無外驅黎民以應天時，順天修命不亦深心乎！

第十三段　原文及注釋

漁者謂樵者曰：「春爲陽始，夏爲陽極，秋爲陰始，冬爲陰極。陽始則温，陽極則熱；陰始則凉，陰極則寒。温則生物、熱則長物、凉則收物、寒則殺物，皆一氣其别而爲四焉，其生萬物也亦然。」（關於四季陰陽的變化所體現出的深意，舉例如下。《春秋繁露·陰陽義》：天亦有喜怒之氣、哀樂之心，與人相副。以類合之，天人一也。春，喜氣也，故生；秋，怒氣也，故殺；夏，樂氣也，故養；冬，哀氣也，故藏。四者天人同有之。有其理而一用之。與天同者大治，與天异者大亂。故爲人主之道，莫明於在身之與天同者而用之，使喜怒必當義而出，如寒暑之必當其時乃發也。使德之厚於刑也，如陽之多於陰也；《管子·形勢》：天不變其常，地不易其則，春秋冬夏，不更其節，古今一也；《管子·乘馬》：春秋冬夏，陰陽之推移也；《管子·形勢解》：春者，陽氣始上，故萬物生。夏者，陽氣畢上，故萬物長。秋者，陰氣始下，故萬物收。冬者，陰氣畢下，故萬物藏；故春夏生長，秋冬收藏，四時之節也；《荀子·王制》：春耕、夏耘、秋收、冬藏，四者不失時，故五穀不絶，而百姓有餘食也）

第十三段　譯文

漁夫對樵夫說：「春天是陽的力量開始滋長，夏天是陽的力量發展到極致，秋天是陰的力量開始滋長，冬天是陰的力量發展到極致。陽的力量開始滋長就開始溫暖，陽的力量發展到極致就會炎熱；陰的力量開始發展就開始涼爽，陰的力量發展到極致就會寒冷。溫暖就會滋生萬物、炎熱就會生長茂盛、清涼就會使生機收斂、寒冷就會扼殺生命，這些天氣變化的現象都是同一個天地發展變化的四種不同狀態而已，這種變化的規律表現在其他事物的生長變化上也是一樣的。」

第十三段　探微觀旨

易道是世界的模擬器，所有的解説都是類比狀態的描述，如果要更好地使用這個工具，就要學會比類取象，舉一反三乃至無窮。邵子在此舉四季變化所帶來的寒暑生殺爲例，展現陰陽消長循環的規律。如果結合前面邵子所舉的諸多卦例，所有狀態的節點既不是孤立存在的，也不是固定不動的。每一種狀態都是變化過程中所處的某種位置，而這種位置會隨着變化的推移而隨時改變，乃至循環往復周流不息。能够在整體中分辨出節點，又能在節點上明瞭處在整體中的位置，這是在宏觀與具體之間的雙嚮認知能力，觀物者若能出入無礙，便是知行合一。

邵子以四季更迭變化的現象總結易道，更深層的寓意是要表達「生生不息」纔是天道永恒的主題。就如四季更替運轉不停一樣，没有任何分段停止的狀態纔叫「生生」；没有任何終極的目的纔叫「不息」，無始無終但又是有條不紊的變化纔是世界存在的真相。永遠没有條件完全具備的狀態、永遠没有真正屬於誰的任何東西、永遠没有一勞永逸的解决辦法，所以君子當以無我之心，時時嚮着天道的方嚮棄舊圖新自强不息。這便是「無所住然後又能生其心[一]」的智慧境界，如果能够參透這一點，就會發現所有禁錮我們心靈的枷鎖都將消失於無形，生命的旅程將成爲平静、豁達、自由的無限體驗。

[一] 應無所住而生其心：出自《金剛經·第十品莊嚴净土分》「不應住色生心，不應住聲香味觸法生心，應無所住而生其心」。

第十四段　原文及注釋

樵者問漁者曰：「人之所以能靈於萬物者，何以知其然耶？」

漁者對曰：「謂其目能收萬物之色，耳能收萬物之聲，鼻能收萬物之氣，口能收萬物之味（人爲萬物之靈的本質原因，舉例如下。《荀子・王制》：水火有氣而無生，草木有生而無知，禽獸有知而無義，人有氣有生有知亦且有義，故最爲天下貴也；《皇極經世書・觀物内篇五十一》：夫人也者，暑寒晝夜無不變，雨風露雷無不化，性情形體無不感，走飛草木無不應，所以目善萬物之色，耳善萬物之聲，鼻善萬物之氣，口善萬物之味，靈於萬物，不亦宜乎；《皇極經世書解》（邵伯温）：不獨耳目口鼻能善萬物之聲色氣味，而心之官又能善萬物之理，此所以靈於萬物也。蓋天地，巨物也，分而爲萬物，萬物各得天地之一端，能備天地兼萬物者，人之謂也，故能與天地并立而爲三才）。聲色氣味者，萬物之體也。目耳口鼻者，萬人之用也。體無定用，惟變是用（體無定用，惟變是用：事物的本體没有所謂固定的作用，而是隨着外界情況的變化而展現出不同的作用）。用無定體，惟化是體（用無定體，惟化是體：一種作用的體現，也不一定衹是某一種特定事物所導致的，那衹是事物發展變化過程的體現）。體用交而人物之道於是乎備矣。然則人亦物也，聖亦人也。有一物之物，有十物之物，有百物之物，有千物之物，有萬物之物，有億物之物，有兆物之物。生一一之物，當兆物之物者，豈非人乎！有一人之人，有十人之人，有百人之人，有千人之人，有萬人之人，有億人之人，有兆人之人（一人之人……兆人之人：作者這個比喻的具體含義，古人有如下解釋。《皇極經世心易發微・小序》：人分七品，自一至兆而極。兆人，聖君也；億人，賢君也；萬人，方面立功之人也；

千人，牧尹也；百人，有德與富人也；十人，有才智之人也；一人，凡民也）。當兆人之人者，豈非聖乎！是知人也者，物之至者也。聖也者，人之至者也。物之至者始得謂之物之物（物之物：第一個「物」指事物，第二個「物」指有意義和價值的事物。合起來的意思是：在所有事物中最有意義和價值的事物）也；人之至者始得謂之人之人（人之人：第一個「人」指人類，第二個「人」指能够通達瞭解天道的人。合起來的意思是：在所有的人之中最能通達天道的人）也。夫物之至者，至物之謂也；而人之至者，至人之謂也。以一至物而當一至人，則非聖人而何？人謂之不聖，則吾不信也。何哉？謂其能以一心（心：這裏是指人的思想和理解能力）觀萬心，一身（身：這裏是指人的行爲與感受）觀萬身，一物（一物：此處指某一種事物）觀萬物，一世（一世：此處指某一個時代）觀萬世者焉；又謂其能以心代天意，口代天言，手代天工，身代天事者焉；又謂其能以上識天時，下盡地理，中盡物情，通照人事者焉；又謂其能以彌綸天地，出入造化（出入造化：出入，這裏指自由的存在；造化，指自然的運行規律。關於出入造化的深刻含義和每個人的差异性，舉例如下。《論衡・自然》：問曰：「人生於天地，天地無爲，人稟天性者，亦當無爲，而有爲，何也？」曰：至德純渥之人，稟天氣多，故能則天，自然無爲。稟氣薄少，不遵道德，不似天地，故曰不肖。不肖者，不似也。不似天地，不類聖賢，故有爲也。天地爲鑪，造化爲工，稟氣不一，安能皆賢？！賢之純者，黄、老是也。黄者，黄帝也，老者，老子也。黄、老之操，身中恬澹，其治無爲，正身共己而陰陽自和，無心於爲而物自化，無意於生而物自成），進退今古，表裏人物者焉（古人關於如何順應自然規律的論述，舉例如下。《道德經・第三章》：爲無爲，則無不治；《道德經・第五十七章》：我無爲而民自化；我好静而民自正；我無事而民自富；我無欲而民自樸；《莊子・在宥》：君子不得已而臨邪天下，莫若無爲。無爲也，而後安其性命之情；《莊子・天道》：夫帝王之德，以天地爲宗，以道德爲主，以無爲爲常。無爲也，則用天下而有餘；有爲也，則爲天下用而不足。故古之人貴夫無爲也）。噫！聖人者，非世世而效聖（者）

焉，吾不得而目見之也。雖然吾不得而目見之，察其心，觀其迹，探其體，潛其用，雖億萬年亦可以理知之也。人或告我曰：「天地之外，別有天地萬物，异乎此天地萬物」則吾不得而知已。非唯吾不得而知之也，聖人亦不得而知之也。凡言知者，謂其心得而知之也。言言者，謂其口得而言之也。既心尚不得而知之，口又惡得而言之乎？以心不可得知而知之，是謂妄知也；以口不可得言而言之，是謂妄言也。吾又安能從妄人而行妄知妄言者乎！」

第十四段　譯文

樵夫問漁夫說：「人之所以能够稱爲萬物之靈，是爲什麽呢？」

漁夫回答説：「（把人稱爲萬物之靈）是因爲人的眼睛能看到萬物的顔色，耳朵能聽到萬物發出的聲音，鼻子能聞到萬物發出的氣息，嘴能辨别萬物的味道。顔色、聲音、氣息、味道，這些特徵是萬物本體的表現。眼睛、耳朵、嘴、鼻子，是人類應用的感官。萬物的本體没有固定的表現狀態，衹有變化纔是其永恒的表現狀態。需要應用的感官也是不確定的，根據實際情況而用纔能體察萬物的本體。本體和所應用的感官相互對應上，瞭解和體會萬物的能力就實現了。然而，人也是萬物的一種，聖人也是人類的一員。有能代表一種事物特點的事物、有能代表十種事物特點的事物、有能代表百種事物特點的事物、有能代表千種事物特點的事物、有能代表萬種事物特點的事物、有能代表億種事物特點的事物、有能代表兆種事物特點的事物。天地生出一種事物，但却有體會億萬種事物道理的能力，恐怕衹有人類了吧！有能代表和影響一個人的人、有能代表和影響十個人的人、有能代表和影響百個人的人、有能代表和影響千個人的人、有能代表和影響萬個人的人、有能代表和影響億個人的人、有能代表和影響兆個人的人。能够代表和影響億兆之人的人，難道不是聖人嗎？！可見，人是萬物中最有價值的，聖人又是人中最有靈性的。能够代表最廣泛事物的物，纔能稱爲最有價值的事物。能够影響最廣泛人群的人，纔能稱爲最得天道的人。最有意義的事物被稱爲「至物」；最得天道的人被稱爲「至人」。顯然，人也是萬物之一種，當最有意義的事物和最得天道的人重合在一起，那怎能不是聖人呢？！有人説這樣的人不是聖人，我不能認同，爲什麼呢？這樣的人能够以他的一己之心去體察萬衆之心、以他一個人的感受去推知萬衆的感受、以他對一種事物的觀察去推知萬物的事理、以他所處的一個時代去通達無窮的時代；這樣的人心裏所想的能够合乎天道的規律、嘴裏所説的能够符合天道的法則、手能够做出合乎天道的東西、行爲處事能够體現天道的意志；這樣的人嚮上對天時有充分的瞭解、嚮下對地理有明悉的認知、中間對天地之間的萬事萬物都能够通達其理、能够對人類的行爲有徹底的理解；這樣的人能對世界的秩序進行整理和安排、能够順應天地的大道去行事、能够洞悉從古至今世代演化的階段和因果、能够應對和調理人與物之間的各種關係。感嘆啊！像這樣的聖人不是能够在每個時代都能出現和能够有機會來治理這個世界的，我没有機會親眼見到這樣的聖人。雖然我不能親眼見到這樣的聖人，但我體察聖人的心態、觀察聖人的遺迹、探討聖人之所以爲聖賢的本質、模倣和學習聖人的行爲方法，即使是與聖人在世的年代遠隔億萬年，也可以同理推想而知啊！有人説，這個天地之外還另有天地萬物和這個世界的天地萬物不同。關於是否如此，我不得而知。不但我不能够知道，聖人也不能够知道另外的天地是什麼樣的。當我們聲稱知道什麼事物時，都是内心裏先能瞭解這個事物，當我們去談論的時候，纔能用語言表達出來。那些告訴我另有不同世界的人，心裏尚不能瞭解另外的世界是什麼樣子的，那麼又怎麼能用語言表達出來呢？！把心裏的臆想認爲是真正的認知是妄想；把不確定的認知用言語來表達出來是妄言。我怎麼能相信和跟從這樣無知的人的妄想和妄言呢？！」

第十四段　探微觀旨

雖然易道玄妙最終還是要落實到人，邵子在此首先回答了人爲何是萬物之靈。人的目耳口鼻之用，能收萬物聲色氣味之體，體用交而人物之道備矣。這首先表明人具備以物觀物的便利條件。邵子之子邵伯温對其父加以補充，現録原文如下：「不獨耳目口鼻能善萬物之聲色氣味，而心之官又能善萬物之理，此所以靈於萬物也。蓋天地巨物也，分而爲萬物，萬物各得天地之一端，能備天地兼萬物者，人之謂也，故能與天地并立而爲三才」邵伯温的補充青出於藍，道出了人之所以能獨立於萬物之上的關鍵所在就是能够「備天地兼萬物」所以纔有資格「與天地并立而爲三才」。

没有一種「體」會固定産生某種「用」，隨着「體」的變化事物的「用」也會變化；没有一種「用」是必然依存於某一個「體」的，因爲「體」是隨時變化體無定體的。要體用交纔能成就事實，而人的各種感官是如此全面的體用相得，此誠可謂萬物之靈。天地猶如一大軀體，人身就是一小天地。人皆有耳、目、口、鼻、思以通天地，聖人以此法天則地，故能成其爲聖；庸人以此各逞其私，遂致參差其類。

説人是萬物之靈，并不是要在人與萬物之間畫一條界限。事實上，正是因爲人是萬物之靈，所以人有更大的改造世界的能力同時也擔負更多平衡世界的責任，所謂能力越大責任越大，而中國文化之道正是以萬類和諧大同爲終極目標的。人雖然是萬物之靈，但人與動物、人與植物、甚至人與世界萬事萬物其實又是一體的。如果一種「道」不能包含萬類，那麽它也就不是根本的道了。我們若以中國歷史的整體進程爲例，在漫長的中國古代發展史中，中國自身雖然有其原生的文化體系，但中國文化在面對不同語言、不同習俗、不同信仰的外來文化時都能予以包融、諧和，并促使自身的文化體系得到不斷的豐富，這也是中華文化體系能够傳承至今根深葉茂的重要原因之一。

聖人所倡導的法天則地的世界觀是在精神上萬物一體的平等觀，落實到個人的生命過程中就是體道修身的過程。邵子反複羅列從「一物之物」到「兆物之物」；從「一人之人」到「兆人之人」表達萬物一體的本質，由此認識世界，方能推一及兆超凡入聖。當人的各種感官能力與天道相應，從事具體工作的時候就能够「心代天意，口代天言，手代天工，身代天事」；負責統籌領導的人就能够「上識天時，下盡地理，中盡物情，通照人事」；管理國家社會的人就能够「彌綸天地，出入造化，進退今古，表裏人物」。可見，人的境界高低也就是能够運用各種感官能力與天道相契合的程度，這也就是人不辜負此靈於萬物之能力的最可貴處。

邵子所言「不知天地之外别有天地」非指物質世界的天地，實指不管天地之外有無天地而其「道」不易，否則聖人何以能以一物觀萬物、以一世推萬世？！觀今日之世界，以新興材料爲媒介的存儲與檢索手段日益强大，或許在不久的將來，技術手段真的可以盡觀萬物之過往，即便如此，决定人類嚮何處去，還是有順天修命與各逞其私的差别。如果人類不能從根本上提高精神境界的程度，即便是去了外太空、去了其他星球又能怎樣？！難道繼續以奴役、掠奪和欺詐那裏的資源爲目標嗎？！如此看來，雖天地之外更有天地，但觀物之法却是一以貫之。

第十五段　原文及注釋

漁者謂樵者曰：「仲尼（仲尼：中國古代聖人孔丘，字仲尼，古人對長輩或尊敬的人稱字不稱名）有言曰：殷（殷：指商代，古稱三代或三朝的夏、商、周之商的別稱）因（因：在此是因襲的意思）於夏禮，所損益可知也；周因於殷禮，所損益可知也。其或繼周者，雖百世（百世：一世指三十年，百世在此是泛指非常久遠之意）可知也（漁者在此引用的這段話出自《論語·爲政》：子張問：十世可知也？子曰：殷因於夏禮，所損益，可知也；周因於殷禮，所損益，可知也。其或繼周者，雖百世可知也）。夫如是，則何止於百世而已哉！億千萬世，皆可得而知之也。人皆知仲尼之爲仲尼，不知仲尼之所以爲仲尼，不欲知仲尼之所以爲仲尼則已，如其必欲知仲尼之所以爲仲尼，則捨天地將奚之焉？人皆知天地之爲天地，不知天地之所以爲天地。不欲知天地之所以爲天地則已，如其必欲知天地之所以爲天地，則捨動靜將奚之焉？（在經典中對天地秩序的闡釋有很多，舉例如下。《周易·繫辭上》：天尊地卑，乾坤定矣。卑高以陳，貴賤位矣。動靜有常，剛柔斷矣。方以類聚，物以群分，吉凶生矣。在天成象，在地成形，變化見矣）夫一動一靜者，天地至妙者歟？夫一動一靜之間者，天地人至妙至妙者歟？是知仲尼之所以能盡三才之道（三才之道：古人稱天、地、人爲三才，這三者之間的運行規律，稱三才之道。三才之道的具體含義出自《周易·繫辭下》：易之爲書也，廣大悉備，有天道焉，有人道焉，有地道焉。兼三才而兩之，故六。六者，非它也，三才之道也）者，謂其行無轍迹（行無轍迹：出自《道德經·第二十七章》「善行無轍迹，善言無瑕讁，善計不用籌策，善閉無關楗而不可開，善結無繩約而不可解。」，「善行無轍迹」的意思是最高明的行動，并沒有軌迹可以測度，好像是自然發生的）也。故有言曰：「予欲無言」，又曰：「天何言哉！四時行焉，百物生焉（予欲無言，天何言哉！四時行焉，百物生焉：出自《論語・陽貨》意思是「我想説但没有語言可以表達啊！」，「天難道説什麼了嗎！四季更替，各種事物都在其中生滅啊！」。天地的表達方式，在經典中的闡釋，舉例如下。《道德經・第二章》：是以聖人處無爲之事，行不言之教；《道德經・第二十三章》：希言自然。飄風不終朝，驟雨不終日。孰爲此者？天地。天地尚不能久，而況於人乎？《道德經・第四十三章》：不言之教，無爲之益，天下希及之）「其此之謂與？」（關於「天」的含義與「天」的德行，在中國思想體系中有异常豐富的闡釋，舉例如下。《周易・坤文言》：天玄而地黄。《説文解字》：玄，幽遠也。黑而有赤色者爲玄；《道德經・第一章》：玄之又玄，衆妙之門；《詩經・商頌・玄鳥》：天命玄鳥，降而生商，宅殷土芒芒。《史記・殷本紀》：殷契，母曰簡狄，有娀氏之女，爲帝嚳次妃。三人行浴，見玄鳥墮其卵，簡狄取吞之，因孕生契；《莊子・天地》：玄古之君天下，無爲也，天德而已矣……古之畜天下者，無欲而天下足，無爲而萬物化，淵静而百姓定；《莊子・天地》：夫子曰：夫道，覆載萬物者也，洋洋乎大哉！君子不可以不刳心焉。無爲爲之之謂天，無爲言之之謂德，愛人利物之謂仁，不同同之之謂大，行不崖异之謂寬，有萬不同之謂富；《荀子・天論》：不爲而成，不求而得，夫是之謂天職……列星隨旋，日月遞炤，四時代御，陰陽大化，風雨博施，萬物各得其和以生，各得其養以成，不見其事，而見其功，夫是之謂神。皆知其所以成，莫知其無形，夫是之謂天。唯聖人爲不求知天；《論衡・自然》：天地無爲）

第十五段 譯文

漁夫對樵夫說：「孔夫子曾經說：「殷代的禮儀是因襲了夏代的禮儀，根據當時的情況有所增減；周代的禮儀是因襲了殷代的禮儀，根據當時的情況有所增減。如此看來，無論是什麼朝代繼承周代，即便是經過百代以後也可以推想而知啊！」如此看來，那又何止是百代以後的禮儀可以推知，更久遠到無窮世代的禮儀，都是可以推想而知的啊！世人都知道孔夫子是聖人，但不知道孔夫子爲什麼是聖人。如果不想探究孔夫子爲什麼是聖人也就罷了，如果真想探究孔夫子爲什麼是聖人，那麼不明瞭天地的大道又怎能明白其中的緣由呢？！世人都知道天地就這樣存在着，但不知道天地爲什麼這樣存在着。如果不想探究天地存在的原因也就罷了，如果真想探究天地爲什麼這樣的存在，那麼不明瞭動與静這兩件事又怎麼能明白的了呢？！「動」展示出天道之妙，「静」展現出地道之妙。在「動」與「静」之間還有一種「人」的狀態，在此三者共同的作用下，成就了天、地、人綜合的妙用。如此看來，孔夫子之所以能够通達了天、地、人的三才之道，正是因爲他知道，人行於天地之間最高的境界就是法天則地的以無爲之心行有爲之事的道理。所以孔夫子說：「我想表達，但没有語言可以形容啊！」，夫子又說：「天難道說什麼了嗎！四季更替各種事物都在此天道中生生不息啊！」這些不就是對這個道理最好的說明嗎？！」

第十五段　探微觀旨

邵子在此以聖人爲榜樣，説明天道的主旨是無爲。後世多將「無爲」甚至將「道」的概念强歸於所謂的道家思想，而社會大衆多認爲這些都出自東漢末年以後産生的道教之中，這是學術發展與社會認知漸趨偏狹的結果。以今日諸多考古成果的發現[一]，原生於中國的思想體系，無分派系對天道的理解是統一而明確的：天道是道無二法同時又是散之而爲萬物的存在。各家之言的目的都是爲了闡釋那個同一的宇宙間根本的「道」。

「一動一静」成就了天地運行的至妙規律，那麽天地間加入了聖人的作用又能讓這個世界有什麽不同呢？正如邵子所言，聖人所行之道是法天則地之後的無爲，行無轍迹是無私無我之後的物我等觀。正因如此，聖人面對世界纔能「無爲而無不爲[二]」的「無所不用其極[三]」，也正因如此，聖人之

[一] 自二十世紀五十年代以來，在先秦楚國故地，今湖北、河南、湖南各省出土的大量戰國以至秦漢時期的竹簡，如荆門包山簡、荆門郭店簡、江陵望山簡、隨州曾侯乙簡等等，有三十多批，共計十萬字以上。這些重要的文獻資料爲研究中國傳統文化的本源及其發展的脈絡提供了大量考古實物的證據。

[二] 無爲而無不爲：出自《道德經·第四十八章》「爲學日益，爲道日損。損之又損，以至於無爲，無爲而無不爲。取天下常以無事，及其有事，不足以取天下。」

[三] 無所不用其極：出自《禮記·大學》「《詩》曰『周雖舊邦，其命維新』，是故君子無所不用其極。」

教纔是行無轍迹的不言之教。

回顧歷史，中國在秦代以前并没有大規模的農民起義，那是因爲自三代以來的政治體制是以天下爲公指導下的家國各安其位，各層級的統治者尚抱有永續發展的整體觀。隨着周代中後期犬戎游牧部落的南下掠奪，周王朝内部春秋五霸戰國七雄的更迭，禮崩樂壞導致百家争鳴各懷其私的發揮，混淆了公權力與私權利在社會政治管理之中的平衡之道，學術思想漸相抵牾，各守一隅强分黑白。孔夫子以聖人之敏鋭，在春秋時代便已發出「履霜堅冰至[四]」的警告。自秦并六國以後，社會政治體制演化爲一家一姓的朝代更迭，幾千年封建集權的歷史，就是在不斷重演以一家爲首獨霸天下的同時形成既得利益集團的社會固化，千萬家被壓榨，終有一天千萬家起來反抗壓迫，然後又是一家獨大之下的既得利益集團再去壓榨千萬家的循環。其中的最大區别衹是在宋代以前是皇帝家族與諸侯豪强對壟斷利益的瓜分與争奪，在宋代以後演變爲皇權絶對集中之下的統治階級内部對壟斷利益的瓜分與内捲。而朝代更迭的循環在更大的趨勢中又受制於東亞地區這幾千年以來氣候變化的大趨

[四] 履霜堅冰至：是《周易·坤卦》初六的爻辭，本意是：踩到霜了，就知道天氣要寒冷，逐漸會結冰了。喻指：智者應見微知著、防微杜漸。

勢因素[五]。自西方文藝復興以來興起的自由民主之風席捲世界，使每個個體的意識覺醒，在倡導個人能力充分發揮的同時逐漸走嚮了對社會整體利益的漠視與侵害。無論是東方還是西方，每個國家已不能獨立於人類的發展之外，當每個個體的私欲被無限擴大，這又使社會管理體制走到了另一個極端。如此導致了今日諸多世界性的問題，科技手段對人類的挑戰、民族之間的衝突、自然環境的急遽惡化等等。人類喪失了對天道的理解纔是此千年未見之大變局背後的成因。孔夫子尊文武周公爲聖人，那是因爲他們通達了如何平衡人類社會公權力與私權利這一永恒矛盾的方法；後世聖賢尊孔夫子爲聖人，那是因爲崇敬他爲闡發和維護此不變天道的畢生努力。當此世界大變之局，仁人志士當有「爲天下立心、爲生民立命、爲往聖繼絶學、爲萬世開太平[六]」的勇敢擔當。

［五］東亞地區這幾千年以來氣候變化的大趨勢因素：這一發現要歸功於我國著名氣象地理學家竺可楨先生。竺可楨（一八九〇年—一九七四年），浙江紹興人，中國科學院院士、中國近代氣象學家、地理學家、教育家，他曾經把中國五千年的氣候波動畫了一個曲綫圖，當這個曲綫與中國歷史上的社會變化相對照時，我們發現當氣候突然變冷的時候，饑荒、干旱、水灾等就會頻頻發生，也往往容易改朝换代。通過竺可楨曲綫發現，中國在三個高温期文明高速發展，分别是：夏、春秋戰國、隋唐，此時氣温上升，漢族嚮北發展；三個低温期天下處於大動亂時期，分别是：西周滅亡、三國兩晋、北宋滅亡到元朝建立，此時氣温下降，少數民族嚮南發展。

［六］爲天下立心，爲生民立命，爲往聖繼絶學，爲萬世開太平：出自北宋著名學者張載（字子厚）的言論，因其長期在陝西眉縣横渠鎮講學，故後世稱此爲「横渠四句」。

第十六段　原文及注釋

漁者謂樵者曰：「大哉！權（權：指權衡。在權衡一詞中，權本意指秤砣、衡本意指秤桿，合起來引申指衡量之意，這裏衹能權且借用這個詞彙。實質上這裏的權衡不是以人的主觀認識去認識世界的簡單的權衡，是能够考慮到各種因素的整體觀的認識世界的方法，這種方法的終極目的就是能够映照出世界的實相，而其中關鍵的要領就是不能以一個獨立於世界以外的以爲有一個我的存在和私心去判斷世界，如果有這個「我」，那永遠無法接近作者所説的這個「權」的真意。關於「權」的深意，經典中的闡釋，或可旁通。《論語・陽貨》：子曰：可與共學，未可與適道；可與適道，未可與立；可與立，未可與權）之與變（變：指變通，這裏衹能權且借用這個詞彙。實質上這裏的變通不是以人的意志爲轉移的變化，而是自然按照其自身規律發生的變化，也就是世界本來的樣子，即實相的變化趨勢。《周易・繫辭上》：變化者，進退之象也）乎，非聖人無以盡之。變然後知天地之消長（消長：「長」在這裏讀zhang第三聲，指天地相互之間的削弱與增長），權然後知天下之輕重（輕重：指具體事物的發展程度）。消長，時也；輕重，事也。時有否泰（否泰：出自《周易》否卦和泰卦，反應了天地削弱和增長的大規律。「否卦」與「泰卦」的總旨原文，列舉如下。《周易・否・象》：否之匪人，不利君子貞。大往小來，則是天地不交，而萬物不通也；上下不交，而天下無邦也。內陰而外陽，內柔而外剛，內小人而外君子。小人道長，君子道消也；《周易・否・象》：天地不交，否；君子以儉德辟難，不可榮以禄；《周易・泰・象》：泰，小往大來，吉亨。則是天地交，而萬物通也；上下交，而其志同也。內陽而外陰，內健而外順，內君子而外小人，君子道長，小人道消也；《周易・泰・象》：天地交泰，后以財成天地之道，輔相天地之宜，以左右民），事有損益（損益，出自《周易》損卦和益卦，反應了具體事物的發展和衰落。「損卦」與「益卦」的總旨原文，列舉如下。《周易・損・象》：損，損下益上，其道上行。損而有孚，元吉，無咎，可貞，利有攸往。曷之用，二簋可用享，二簋應有時，損剛益柔有時。損益盈虛，與時偕行；《周易・損・象》：山下有澤，損。君子以懲忿窒欲；《周易・益・象》：益，損上益下，民説無疆，自上下下，其道大光。利有攸往，中正有慶。利涉大川，木道乃行。益動而巽，日進無疆。天施地生，其益無方。凡益之道，與時偕行；《周易・益・象》：風雷益，君子以見善則遷，有過則改；《周易・雜卦》：損而不已必益，故受之以益）。聖人不知隨時否泰之道，奚由知變之所爲乎？聖人不知隨時損益之道，奚由知權之所爲乎？（關於「損卦」與「益卦」的深意，在經典中的闡釋，舉例如下。《説苑・敬慎》：孔子讀易至於損益，則喟然而歎，子夏避席而問曰：「夫子何爲嘆？」孔子曰：「夫自損者益。自益者缺，吾是以歎也。」子夏曰：「然則學者不可以益乎？」孔子曰：「否，天之道成者，未嘗得久也。夫學者以虛受之，故曰得，苟不知持滿，則天下之善言不得入其耳矣。昔堯履天子之位，猶允恭以持之，虛靜以待下，故百載以逾盛，迄今而益章。昆吾自臧而滿意，窮高而不衰，故當時而虧敗，迄今而逾惡，是非損益之徵與？吾故曰謙也者，致恭以存其位者也。夫豐明而動故能大，苟大則虧矣，吾戒之，故曰天下之善言不得入其耳矣。日中則昃，月盈則食，天地盈虛，與時消息；是以聖人不敢當盛。升輿而遇三人則下，二人則軾，調其盈虛，故能長久也。」子夏曰：「善，請終身誦之。」；《易經・雜卦》：《損》《益》，盛衰之始也）運消長者，變也；處輕重者，權也。是知權之與變，聖人之一道耳。」

第十六段　譯文

漁夫對樵夫説：「權衡與變通真是這世間最大的事啊！不到聖人的境界是無法充分瞭解的。充分瞭解了變化的規律纔能知道天地運行的大方嚮；充分權衡變化的程度纔能知道天地運行每時每刻具體運行到了什麽樣的程度。削弱與增長，是天地的時機造成的；削弱與增長的程度，是具體事件的表現形式。天時有削弱與增長的更替，具體的事物有發展與衰落的變化。聖人如果不能隨時瞭解天地削弱與增長的大道，怎能知道天地變化的方嚮是什麽呢？！聖人如果不能隨時瞭解發展與衰落的變化規律，怎能知道事物的變化到達了什麽程度呢？！決定削弱與增長的本質動力是天地的變化；以不同的方式面對事物發展到的不同程度是權衡的結果。如此可以明瞭，權衡與變化這兩個概念，在聖人的認知中其實是一件事的本質與表象的兩面而已。」

第十六段　探微觀旨

邵子在此闡述了聖人以物觀物的比類方法，要從權與變著手。「權」是對大趨勢的認識，故以「否」「泰」比類；「變」是對具體位置的辨別，故以「損」「益」形容。「權」就是天道是如何決定具體事物發展的；「變」就是事物在其發展的規律中到達了哪個具體的節點。具體位置帶有大趨勢的全息特徵；大趨勢左右着具體位置的發展方嚮。要能够理解權與變的關係，就是要在隨時變化之中瞭解部分與整體之間的關係，能够將此兩者的目標（利益）統一在一起的能力，就是聖賢的高明所在，也就是邵子所説的「是知權之與變，聖人之一道耳」。「權」是戰略；「變」是戰術，沒有固定的公式衹在隨機應變審時度勢。這就好比，當天下大亂之時，必然是天時不如地利，地利不如人和；當天下已定，又是人和不如地利，地利不如天時了，能够通權達變纔是聖人觀物處世的心法。

中國古人對聖賢的尊崇從來都不是僅僅爲了把那些已經遠去的人物作爲神話來崇拜的，而是要讓後代借鑒他們的經驗、學習他們的方法，使更多的後來者也能够成爲聖賢。一個人若能洞悉大勢，返回其所在的位置亦能通權達變盡職盡責，無論其處在社會的何種階層，他們就是活着的聖賢，他們就在我們身邊。

第十七段　原文及注釋

樵者問漁者曰：「人謂死而有知，有諸？」

曰：「有之。」

曰：「何以知其然？」

曰：「以人知之。」

曰：「何者謂之人？」

曰：「目耳鼻口心膽脾腎之氣全謂之人。心之靈（靈：這裏指能力，是使心發揮作用的決定性因素，之後對各個器官的描述都是如此）曰神，膽之靈曰魄，脾之靈曰魂，腎之靈曰精。心之神發乎目，則謂之視；腎之精發乎耳，則謂之聽；脾之魂發乎鼻，則謂之臭；膽之魄發乎口，則謂之言。八者具備，然後謂之人。夫人也者，天地萬物之秀氣也。然而亦有不中者（不中者：這裏指沒有完全得到作者所提到的天地賦予人類的這四對功能的人），各求其類也。若全得人類，則謂之曰全人之人（全人之人：指完全具備作者提到的這四對功能的人）。夫全類者，天地萬物之中氣（中氣：這裏指中和之氣，是天地陰陽之氣的平衡）也，謂之曰全德之人也。全德之人者，人之人者也。夫人之人者，仁人之謂也。唯全人，然後能當之。人之生也，謂其氣行；人之死也，謂其形返。氣行則神魂交，形返則精魄存。神魂行於天（天：這裏的天是指陽氣，行於天指在陽氣中運動），精魄返於地（地：這裏的地是指陰氣，返於地指在陰氣中運動）。行於天，則謂之曰陽行；返於地，則謂之曰陰返。陽行則晝見而夜伏者也，陰返則夜見而晝伏者也。是故知日者月之形也，月者日之影也；陽者陰之形也，陰者陽之影也；人者鬼之形也，鬼者人之影也。人謂鬼無形而無知者，吾不信也。」（關於「精」「神」「魂」「魄」生滅變化的規律，舉例如下。《孔子家語·哀公問政》：宰我問於孔子曰：「吾聞鬼神之名，而不知所謂，敢問焉。」孔子曰：「人生有氣有魄，氣者神之盛也。衆生必死，死必歸土，此謂鬼；魂氣歸天，此謂神。合鬼與神而享之，教之至也。骨肉弊於下，化爲野土，其氣揚於上，此神之著也。聖人因物之精，制爲之極，明命鬼神，以爲民之則；《關尹子·符》：關尹子曰：「精者水，魄者金，神者火，魂者木。精主水，魄主金，金生水，故精者魄藏之。神主火，魂主木，木生火，故神者魂藏之。惟水之爲物，能藏金而息之，能滋木而榮之，所以析魂魄。惟火之爲物，能鎔金而銷之，能燔木而燒之，所以冥魂魄。惟精在天爲寒，在地爲水，在人爲精；神在天爲熱，在地爲火，在人爲神；魄在天爲燥，在地爲金，在人爲魄；魂在天爲風，在地爲木，在人爲魂。惟以我之精，合天地萬物之精，譬如萬水可合爲一水；以我之神，合天地萬物之神，譬如萬火可合爲一火；以我之魄，合天地萬物之魄，譬如金之爲物，可合异金而鎔之爲一金；以我之魂合天地萬物之魂，譬如木之爲物，可接异木而生之爲一木。則天地萬物，皆吾精、吾神、吾魄、吾魂。何者死？何者生？」）

第十七段　譯文

樵夫問漁夫：「人們説人死了還有感知，有這種事嗎？」

漁夫説：「是有的。」

樵夫問：「怎麽知道是這樣的呢？」

漁夫説：「從人的道理可以推想而知。」

樵夫問：「什麽樣的人能稱之爲人呢？」

漁夫説：「眼睛、耳朵、鼻子、嘴、心、膽、脾、腎的生命能力都完整的纔能稱爲人。心的能力稱爲神，膽的能力稱爲魄，脾的能力稱爲魂，腎的能力稱爲精。心之神的能力通過眼睛體現出功能，稱之爲視覺；腎之精的能力通過耳朵體現出功能，稱之爲聽覺；脾之魂的能力通過鼻子體現出功能，稱之爲嗅覺；膽之魄的能力通過嘴體現出功能，稱之爲言語。這四對條件和功能都具備了，纔能够稱之爲人。對於人來說，這些功能是天地萬物的靈氣所產生的。但是也有不能完全實現這些功能的情況，則各有他們的群類了。如果這八種功能都可以實現，那麽就可以稱之爲健全而完整的人。健全而完整的人是得到天地中庸平衡之氣的結果，這樣的人被稱爲全德之人。全德之人是人類中最有意義的人。能够被稱爲人中之人的人，也就是我們所謂的仁人。衹有這樣的全人，纔能實現所謂人的功能。當人有生命活動時，是人得到的天地之氣在運行；當人死掉時，是他的形骸又返回到其未生之前的狀態。當天地之氣運行時，心代表的神和脾代表的魂就會交互産生作用；當形骸返回未生的狀態時，腎代表的精和膽代表的魄還會有信息的留存。神和魂是嚮天（陽氣）的方向運動，精和魄是嚮地（陰氣）的方向運動。嚮天的方嚮運動，叫做「陽行」；嚮地的方嚮運動，稱爲「陰返」。陽行表現的狀態是，在白天現身在夜晚隱没；陰返表現的狀態是，在夜晚現身在白天隱没。所以我們就能推知，太陽反映出月亮的形狀，月亮投射出太陽的影子；陽反映出陰的形態，陰投射出陽的影子；人反映出鬼的樣子，鬼投射出人的影子。所以，有人説鬼没有形態和感知，我認爲不是這樣的。」

第十七段　探微觀旨

人之觀物，唯死生之事最大。邵子在此，從人之全德與陰陽聚散的角度闡述了他的生死觀。

邵子先把人身各種感官之「體」和與之對應的「用」梳理清楚，然後說明各種感官的綜合作用纔能産生所謂的「全德之人」。所謂全德之人是人類中最有價值的意思是，當各種功能齊備，這樣纔有機會全面地去順應天地自然的規律。不管一個人實際是否這樣去做，他起碼具備全面體察天地之道的先天條件。

組成各種感官的物質聚合而後産生功能，當聚合的條件失去時，物質也自然各歸其類。當物質聚合時産生的意識也是物質存在的一種形式，那麼其也必有去處。我們焉知在這個世界上我們所擁有的一切不是另外一個世界給我們的祭品，而我們也是他們想見却再也見不到的人呢？！今日科技的手段，對物質在各種層面的存在形式所進行的研究已經取得了長足的進步。人類對超微尺度、常態尺度與超大尺度之間物理規律的認識已接近貫通。從物質與能量的轉化、正物質與反物質、量子糾纏與信息的傳輸等等方面已經證明，物質就是能量的表現形式，能量又可以以波和粒子的雙重狀態存在，每一個維度的存在是更高維度的投影，而解决投影問題的終極方法恰恰是要在更高維度的整體之中纔能够達成。衹是人類現階段尚未完全找到通達更高維度的路徑而已。我們不能説邵子有超能力的先見之明，但他以天地運行陰陽循環生滅的大道推理出的結論，與人類至今探索的結果殊途同歸，這也印證了中國傳統思想體系的全面性與深刻性。

第十八段　原文及注释

樵者問漁者曰：「小人可絶（絶：滅絶）乎？」

曰：「不可。君子禀（禀：承受、生成之意）陽正氣而生，小人禀陰邪氣而生。無陰則陽不成，無小人則君子亦不成，唯以盛衰乎其間也。陽六分，則陰四分；陰六分，則陽四分。陽陰相半，則各五分矣。由是知君子小人之時有盛衰也。治世則君子六分，君子六分，則小人四分，小人固不勝君子矣。亂世則反是。君君（君君、臣臣、父父……：第一個「君」指君主；第二個「君」表示像一個君主一樣的行爲。合起來就是當君主的要像一個當君主的行爲那樣。後面的叠詞都是這樣的用法。此語出自《周易》家人卦，在《論語·顔淵》齊景公問政中也有提及，此八叠詞之總和表達了中國思想體系對社會倫理的理想狀態，即社會各個階層的人都能君臣父子各守其分各盡其職），臣臣，父父，子子，兄兄，弟弟，夫夫，婦婦，謂各安其分（分：本分，指每個人所在地位應該遵守的規則和盡職的責任）也。君不君，臣不臣，父不父，子不子，兄不兄，弟不弟，夫不夫，婦不婦，謂各失其分（關於「分」的深入含義，舉例如下。《周易·家人》：家人，女正位乎内，男正位乎外，男女正，天地之大義也。家人有嚴君焉，父母之謂也。父父，子子，兄兄，弟弟，夫夫，婦婦，而家道正；正家而天下定矣；《周易·序卦》：有天地然後有萬物，有萬物然後有男女，有男女然後有夫婦，有夫婦然後有父子，有父子然後有君臣，有君臣然後有上下，有上下然後禮義有所錯；《論語·顔淵》：齊景公問政於孔子。孔子對曰：君君，臣臣，父父，子子。公曰：善哉！信如君不君，臣不臣，父不父，子不子，雖有粟，吾得而食諸？！）也，此則由世治世亂使之然也（「治世」與「亂世」産生的本質原因，舉例如下。《皇極經世書・觀物内篇五十九》：或曰：「君子道長則小人道消，君子道消則小人道長。長者是則消者非也，消者是則長者非也，何以知正道邪道之然乎？」吁！賊夫人之論也。不曰君行君事，臣行臣事。父行父事，子行子事。夫行夫事，妻行妻事。君子行君子事，小人行小人事。中國行中國事，夷狄行夷狄事，謂之正道。君行臣事，臣行君事。父行子事，子行父事。夫行妻事，妻行夫事。君子行小人事，小人行君子事。中國行夷狄事，夷狄行中國事，謂之邪道。至於三代之世治，未有不治人倫之爲道也；三代之世亂，未有不亂人倫之爲道也。後世之慕三代之治世者，未有不正人倫者也；後世之慕三代之亂世者，未有不亂人倫者也）。君子常行勝言，小人常言勝行。故世治則篤實（篤實：嚴謹和誠實。這裏用來形容默默實干，誠實處事的人）之士多，世亂則緣飾（緣飾：攀緣和修飾。這裏用來形容依附權貴鑽營拍馬和祇做表面文章欺世盜名的人）之士衆。篤實鮮不成事，緣飾鮮不敗事。成（成：指成事）多國興，敗（敗：指敗事）多國亡，家亦由是而興亡也。夫興家與興國之人與亡國亡家之人，相去一何遠哉！」

第十八段　譯文

樵夫問漁夫：「小人可以被滅絕嗎？」

漁夫説：「不可以。君子是承受了陽的正氣而産生的，小人是承受了陰的邪氣而産生的。没有了陰的對比那麽陽也無法存在，没有了小人的對峙那麽君子也不能存在，社會衹是他們盛衰更替的舞臺而已。如果陽的部分占據整體的百分之六十，那麽陰的部分就有百分之四十；如果陰的部分占據整體的百分之六十，那麽陽的部分就有百分之四十。如果陰陽各占一半，就是各占整體的百分之五十。由此可以看出君子和小人的興盛和衰落是互相更替的。當社會處在被較好治理的時代，君子占人群中的六成，如果君子占六成，那麽小人就占四成，小人就占不了上風。如果是亂世，那正好相反。如果當君主的守好君主之分、當臣子的守好臣子之分、當父親的守好父親之分、當兒子的守好兒子之分、當兄長的守好兄長之分、當弟弟的守好弟弟之分、當丈夫的守好丈夫之分、當妻子的守好妻子之分，這樣就稱爲各安其分。如果當君主的不盡君主的職責、當臣子的不盡臣子的職責、當父親的不盡父親的職責、當兒子的不盡兒子的職責、當兄長的不盡兄長的職責、當弟弟的不盡弟弟的職責、當丈夫的不盡丈夫的職責、當妻子的不盡妻子的職責，這樣就稱爲各失其責。出現這些現象的原因都是因爲處在治世或是亂世的大環境下受到影響的結果。君子時常是默默地行動很少發聲，小人時常是誇誇其談而没有行動。所以，社會處在治世則嚴謹誠實的人多，社會處在亂世則攀緣鑽營的人多。嚴謹誠實的人很少有不成事的，攀緣鑽營的人很少有不壞事的。辦成功的事多則國家就興旺，辦壞的事多則國家就敗亡，一個家庭的興旺或是敗亡也和這個道理是一樣的。使家庭興旺和使國家興旺的人與使國家敗亡和使家庭敗亡的人，（雖對象各有不同）在本質的道理上又有什麼不同呢？！」

第十八段　探微觀旨

此節，邵子從一個觸動人心的社會話題切入，通過君子與小人力量消長的社會現象，説明世間陰陽是相互依存又是興衰更替的現實。面對這種社會現象，邵子陳述了中國人是如何平衡天道與人性之間關係的。

首先，任何事物的存在，都祇是變化過程中的一個節點而已。没有不在變化的事物，也没有永恒的終極結果，祇有陰陽消長的變化永不停息。如此反觀事物的存在：執着於變化中的任何一點都没有意義，事實上也是執之不著的。追求完全具備條件的開始和追求永恒的結果一樣，都是不可能實現的，陰陽交錯更始無終纔是世界的本來面目。

從今日之考古證據看「君臣父子各守其分各盡其職」的社會治理方法早在六經所記録的時代已經是中國社會治理的共識[一]，自周代中後期五霸七雄各逞其計，先秦諸子各執一端，孔夫子之微言《春秋》痛心於禮崩樂壞實繫於此。「君臣父子」是自然選擇産生的社會秩序，「各守其分」是每個社會成員享有各自的權利，「各盡其職」是每個社會成員承擔各自的義務。權利與義務是每一個社會成

[一] 請參考《郭店楚簡·六德》篇，此篇闡述了在中國思想體系的指導下對社會道德與政治管理的方法，提出「六位」「六職」「六德」三組對應的概念，核心説明君臣、父子、夫婦之間的人倫道德關係以及選賢任能的原則。

員同時要面對和承擔的，禮崩樂壞的實質就是權利與義務的錯位或偏廢。這種錯位和偏廢産生的原因有大的氣候與地緣政治的原因，也是社會内部短期利益與長期利益的失衡。從個體利益講，必然私大於公；從整體利益看，必要公大於私。無個體利益也没有整體利益；無整體利益必然反噬個體利益。那麽，中國人爲什麽把强調「君臣父子各守其分各盡其職」視爲平衡兩者的根本大法呢？如果要究其根本，我們就要先來比較一下，如果社會能够按照這種方法治理或是反之，將會産生什麽樣的後果。

「君臣父子各守其分各盡其職」的本質是通過促使每一個社會成員的自我約束，保證社會整體利益的健全和永續發展，避免社會過度分化，使處於社會最頂端與最底層的部分盡量减少，促使占社會大多數的中間部分保持穩定。其弊病是，如果統治者運用權力的方向失去了正義性，那麽這種形式將成爲統治者禁錮思想愚民壓榨的工具。典型的現象就是，由於利益集團的固化導致的壟斷與創造性喪失；反之，强調個體的權利與自由會促使個人能力的最大化，這可以充分實現競争優勢獲得創新利益，但這同時導致强者恒强，社會資源嚮少部分人大量集中。其弊病是，如果既得利益集團不斷貪求，社會階層就會固化，社會結構會被撕裂爲極少數既得利益集團及其代理人與絶大多數的底層民衆。

從上述對比中可以看出，首先這兩種社會治理體制各有利弊，但關鍵在於對統治者的約束能力是不一樣的，在第一種體制中，統治者的意志其實是被分散到每一個層級以至每一個個體之上的。换句話説，雖然社會管理有層級之分，但由於能够「君臣父子各守其分各盡其職」，所有的層級都是其自身秩序的維護者，是每一個層級的自我穩定共同組成了穩定社會的合力；在第二種體制中，既得利益集團的意志本質上是不受約束的，所有的制度設計最終都會演變成對既得利益集團的維護，這也就是資本主義必然發展成帝國主義的原因。世人總是捨本逐末的争論是君主專制好還是議會政治好、是三權分立好還是一黨獨裁好……殊不知無論哪裏的社會都是由個體組成的，個體的安定纔是社會安定的前提與保障。無論哪一種上層建築，可以在一段時間内蒙蔽、欺騙、利用社會大衆，但終究不可能長治久安；無論哪一種上層建築如果没有全社會每個個體的制衡機制最終都會淪爲特權與資本的代言人。

通過對比，我們也發現最終導致社會崩潰的原因都是階級的固化與社會的撕裂。這正是人性在總特點上并無差别導致的。就人的本性而言，對私欲的滿足不需要倡導尚且會被人性本身無限放大，豈能再加以鼓勵？！在中國歷史漫長的政治實踐中，古圣先賢已經清楚地看到，祇有讓每一個社會成員都能够擔負起自己的個人利益與社會整體利益的平衡責任，纔能够最終實現社會整體的長治久安。孔子所説的「克己復禮[二]」最終是要靠每個個體的自覺行動來完成的，正因如此當各種危機來臨之時，纔能使每個個體都具備自我修復的頑强能力。這也就是中華文明爲什麽能够成爲，傳承至

[二] 克己復禮：出自《論語·顔淵》「顔淵問仁。子曰：『克己復禮爲仁。一日克己復禮，天下歸仁焉。爲仁由己，而由人乎哉？！』」這裏的「克己」是靠自己之意不是克制自己之意，克制是强求，靠自己是在主觀上通達了爲什麽要努力而采取的行動，如此纔是聖人的心法。

今不曾間斷的文明體系最重要的社會政治原因。

中華文明的這種智慧型社會體系，幾千年來逐漸式微，尤其宋明理學的興盛對社會思想的禁錮，嚴重阻礙了民衆創造力的發揮。當西方列强用科技手段擴張之後，中國人便深嚐此苦果。古聖先賢所説的「教之以道」本質上就是要讓民衆形成整體觀的思維方式，然後各盡所長的去創造社會生活的方方面面。民衆越能够看到整體、越能够以整體觀的方法思考問題，他們自己自然會做出最佳的判斷，平衡自身與整體的利益關係，發揮自身的創造力。人性本私，不是能够靠教條的説教來約束的，而是要讓處事者自己看到整體，自然會自我約束做出最佳選擇。

「君臣父子」是促使社會團結，讓整體變得更大更有力量；「各守其分」是讓民衆看到整體與個人之間的關係，對人性主動的自我約束；「各盡其職」是讓每一個個體擔負起發展他所在整體的責任，發揮每個個體的主觀能動性。個人、家庭、社會、世界都需要協作，一個人越看不到整體，就會越偏執；一社會越看不到整體就會越撕裂。所以，智慧型社會體系的構建必要包括：以平等包容的世界觀爲基礎，教導民衆以整體觀的思維方式看待事物，倡導民衆各守其分同時各盡其職，此三者必是同等重要的，如此纔是更接近人性底層邏輯的政治制度設計思路。欲求此政治智慧的付諸實踐，也必要以人民爲江山的政府纔能够做到。

邵子此節道出人類社會的永續發展之道，此道之「體」在不同的世代也是隨着情况的變化而變化其「用」的。我們仍以中國歷史的發展爲例，在西周時期這種社會管理的智慧表現爲以天下爲整體，以「親親、尊尊[三]」爲宗法的封建制度。在面對游牧民族的侵擾之下，舊有各自爲政的禮樂制度的崩壞也是大勢所趨，繼之而起的是以一家一姓爲整體，對外以國家的集中力量抵禦外敵保障生存，對内以集權式的等級制度保障社會穩定。人類社會的等級現象本來是一種客觀存在，在漫長的封建統治時期，統治者利用信息與資源的不對稱，爲了一己之私逐漸歪曲、异化自古聖人所倡導的「君臣父子各守其分各盡其職」，把這種從最根本處穩定社會的方法變成了統治階級對被統治階級的專政工具。而這種陰暗私心的反噬又導致了在社會各階層之中，上級對下級的利益壟斷與下級對上級的陽奉陰違，當内部矛盾無法調和時如果再遇到外部偶然因素的觸發就是天下大亂改朝换代。近代，科學技術在資本的推動下已横掃全球，現代科技的手段促使個體意識的充分覺醒，砸碎了人與人上下級的依附關係，但同時也逐漸發展成了個體私欲的無限膨脹，導致社會兩極分化趨勢的加劇。這不僅是中國社會而是整個人類所面對的嚴峻問題。我們今天再言「君臣父子各守其分各盡其職」的人倫社會意義，并不是要回到封建倫理等級的老制度上去，但也更加不能抹殺社會存在等級分工不同的事實。將等級變爲保護既得利益的工具和抹煞等級的私欲無限膨脹都是社會政治的極端。要理解人倫社會那個本質不變的道，然後應時而變的讓一切科技的手段成爲促使人類心靈境界走上

[三] 親親，尊尊：是西周立法和司法的根本原則和指導思想，其本意是要人民親近親屬，尊重在尊位的人，各安其位，各盡其職。

正道的助力。

從西方發展壯大起來的資本體制，在私欲的推動下，通過科學技術的優勢在全球範圍内不斷拓展攫取利益的空間。從萌芽，到發展，到壯大不過幾百年時間，已經導致了幾乎毀滅人類的兩次世界大戰。事實上，正是在第二次世界大戰之後，西方資本體制大量學習和吸收了東方哲學中對社會財富再分配的手段纔得以續命至今。隨着今日人類社會的溝通日益廣泛深刻，科技手段的普及已經跨越民族與國家的界限。面對世界，人類作爲一個整體已經休戚與共，世界也再無可以任由資本擴張和掠奪的空間。在此百年未有之大變局中，中國智慧必將對整個人類社會的長治久安提供更好的解決方案。

在中國人看來，天地的運行是總方嚮，社會是個大系統，個人是個小系統，中國人所講的「自天子以至於庶人，一是皆以修身爲本」修的就是這個上下貫通。社會角色各有不同、責任大小各有分工，順應天命各守其分各盡所能，社會秩序纔能和諧永續。《禮記·中庸》開宗明義「天命之謂性，率性之謂道，修道之謂教[四]」，若能使社會共識如此，則小人不可絶却能自化，社會風氣方能「行常勝言」，治國持家者欲求的興國興家也會水到渠成。如果從更大的陰陽盛衰循環的整體看，君

[四]　天命之謂性，率性之謂道，修道之謂教：是《禮記·中庸》的開篇語，其意是：（一個人）要法天則地的明瞭自己所要擔當的使命纔能叫做瞭解本性，能够安分守己全心全意的爲實現這個使命的行動就是道的具體體現，如此不斷修正自己的方嚮，然後以推己及人的方式去影響社會就是在行教化之道。

子與小人猶如陰陽對峙依存，都不可能被消滅，也都不可能長盛不衰，古今中外無不如此[五]。無論順逆盛衰如果當位者能够堅持教民以道，倡導各守其分各盡其職的社會風尚，也可見治國理政者順天應人無愧歷史的深心。

從人類的精神世界横向看去，這個世界所有宗教的本質都是以强調個體的高度自治爲手段，以達到個體與整體的和諧共榮爲目的，祇是它們總是以一種神秘的形式或是用太過高於當時人類發展水平的目標進行説教，而中國思想體系所强調的促使每個個體具備整體觀思維的社會政治管理方法，是一條從脚下實實在在通往終極目標的路。中國人所稱的社會政治之「道」就是這種能够行無轍迹的化個體爲整體，促使個體與整體和諧大同的方法，這是目標至高尚同時又是方法至簡易的大智慧。

[五] 在此僅舉法國著名作家、文學批評家、社會活動家阿納托爾·法朗士所寫的一則寓言：一個聖僧有一天問魔鬼他對真理有什麽看法。魔鬼回答説：「真理是白的。」聖僧非常高興，因爲魔鬼也説真理是潔白的。可是魔鬼笑了，并接着説：「我説真理是白的，但并没有説真理是純潔無瑕的。你却以爲白的意思就是純潔無瑕，完美無缺。現在我可以使你看到，它絶不代表這些。」於是魔鬼在僧人面前拿出一個大圓盤來，在上面畫着成千的畫像，有各種各樣的顔色。每一個畫像代表着一種宗教或一種哲學，并且都舉着一面小旗，旗上各有題字。一個寫道「神祇有一個」；另一個寫道「神有幾百萬個」；再一個宣稱「人類是不朽的」；還有的則宣稱「祇有神是不朽的」。所有這些題字，以最奇怪的方式一個一個互相矛盾着。正當僧人對這一景象感到驚奇的時候，魔鬼忽然把盤子轉動起來，越轉越快直到聲如雷鳴。立刻，各種顔色都不見了，盤子白得和月光一樣，於是魔鬼笑着説：「這就是真理，你看，它是白的。」

第十九段　原文及注釋

樵者問漁者曰：「人所謂才（才：這裏指人的才能）者，有利焉有害焉者，何也？」

漁者曰：「才一也，利害二也。有才之正（正：關於「正」的深刻含義，經典中的闡釋，舉例如下。《荀子・君道》：請問爲國？曰：聞修身，未嘗聞爲國也。君者儀也，民者景也，儀正而景正；《孟子・公孫丑上》：孟子曰：「伯夷，非其君不事，非其友不友。不立於惡人之朝，不與惡人言。立於惡人之朝，與惡人言，如以朝衣朝冠坐於塗炭。推惡惡之心，思與鄉人立，其冠不正，望望然去之，若將浼焉。是故諸侯雖有善其辭命而至者，不受也。不受也者，是亦不屑就已）者，有才之不正者。才之正者，利乎人（人：此處指他人）而及乎身（身：此處指自己）者也；才之不正者，利乎身而害乎人者也。」

曰：「不正，則安得謂之才？」

曰：「人（人：此處指大多數人）所不能而能之，安得不謂之才？聖人所以惜乎才之難者，謂其能成天下之事而歸之正者寡也。若不能歸之以正，才則才矣，難（難：不一定之意）乎語其仁也。譬猶藥之療疾也，毒藥（毒藥：指對人體危害較大的藥物）亦有時而用也，可一（一：這裏指偶爾使用）而不可再（再：這裏指多次使用）也，疾愈則速已（速已：速，馬上；已，停止使用），不已則殺人（殺人：此處指傷害人體）矣。平藥（平藥：指對人體溫和

（無毒的藥物）則常日而用之可也，重疾非所以能治也。能驅重疾（驅重疾：能够治療較重的疾病）而無害人之毒者，古今人所謂良藥也。《易》曰：「大君有命，開國承家，小人勿用（「大君有命，開國承家，小人勿用」：出自《周易》師卦上六的爻辭。意思是：當偉大的君主承受天命建立和治理國家之後，要避免任用小人）。」如是，則小人亦有時而用之，時平治定，用之則否（否：讀pǐ第三聲，這裏是借用《周易》中的否卦來概括前面的意思，指嚮壞的方嚮發展之意）。《詩》云：「它山之石，可以攻玉。」（「它山之石，可以攻玉」：出自《詩經・小雅・鶴鳴》本意是：從其他地方找來的石頭，却可以雕刻玉石。玉，在中國文化中被認爲是代表德行的最高貴的石頭。攻，是雕刻的意思。「它山之石」隱含表達的意思是：别的石頭不如玉石那樣具有全面的美德，「可以攻玉」又説明，雖然别的石頭没有玉石那麼美好，但却可以幫助雕刻玉石，使玉石的美展現出來，所以别的石頭也是有其作用的）其小人之才乎！」

第十九段　譯文

樵夫問漁夫說：「關於人的才能，有產生利益的有產生危害的，這是怎麽回事？」

漁夫說：「才能是同一個，但産生的利與害是兩回事。有的人利用才能去做正確的事，有的人利用才能去做不正確的事。利用才能去做正確的事，利益了他人同時也利益了自己；利用才能去做不正確的事，利益了自己卻傷害了他人。」

樵夫說：「不能被正確利用的才能，也能稱爲才能嗎？」

漁夫說：「當一件事大多數人都做不到而某人可以做到，這肯定是可以被稱爲才能的。但爲什麽聖人總説真正有才能的人是非常難得的呢？是因爲能夠具備别人没有的能力而且又能主動地讓這種能力去爲天下的正道服務的人是非常少的。如果僅僅具有才能但不能爲正道的事業做出貢獻，那麽祇能說，這個人是個有才能的人，但不一定能稱爲仁德的人。這就好像用藥來治療疾病，對人體有毒性的藥物有時也會被用到，可以針對疾病使用但不能總是使用，疾病痊癒就要馬上停止使用這樣的藥物，如果不停止使用就會傷害人體。對人體没有毒性的藥物則平常也可以經常使用，但對較重的疾病就不能有效。能夠治療較重的疾病但又對人體没有毒害的藥物，自古至今都被稱爲最優良的藥物。《周易》裏説「當偉大的君主承受天命建立了國家，在治理社會時要避免任用小人。」，從《周易》的這段話裏我們可以品味出，小人在某些特定的時候也是有作用的，當社會趨於穩定平静的時候，如果再任用小人就會使社會風氣變壞。《詩經》中的「它山之石，可以攻玉。」不就是説「小人」的才能有時也是有用的這個道理嗎？！」

第十九段 探微觀旨

邵子以才之正與不正舉例，再一次説明個體與整體的關係。事物本身的存在無所謂好壞利害，所有的價值判斷都是在比較中産生的。處在不同整體的關係中，利與害是不一樣的。能够有利於整體利益的才能是「正」，反之則是「不正」。邵子解説此兩者之間的區别時可謂言簡而意深：「利乎人而及乎身」與「利乎身而害乎人」。在同一個整體中，利乎人必及於自身；害乎人也必及於自身，因爲自身就是這個整體的一部分啊！在越小的整體中，這種反射來得越快越直接。當整體擴大，這種傳導就變得複雜而漫長，正因如此，往往讓人覺得可以僥倖自私下去，但因果關係又終將把結果落回到行爲人的身上，這就是古人所説「欺人者必自欺」的邏輯基礎。禍福無不自己求之者，這根本與神秘主義無關。人生境界的高下分别，也就是能够以多大的整體作爲考量的對象。從更廣義的角度講，其實宗教與世俗的區别也不在於神秘主義，本質就在於能够看到的整體有多大，然後又能在多大的整體中去衡量自己的行爲。

在無比細密的社會生活中，不同層次不同境界的人都要面對選擇的問題，用邵子的話説就是如何運用「才」的問題，没有任何完備的道德、法律、文化、科技等手段能够也不應該把每個個體都約束起來，唯有倡導：讓每個個體都擔負起平衡與發展其所處的那個整體利益與其個人利益之間的責任，社會管理纔能上下貫通形成合力。

邵子在此以用藥的比喻探討如何用「才」。事物的整體之中分化出陰陽，陰陽之下會再分陰陽，無限可分形成世界。此陰陽之一端又成彼陰陽之未分，具體問題具體分析纔是處事之道。具體矛盾使用具體的平衡手段纔是經國濟世的根本大法，所以聖人言「周雖舊邦，其命維新[一]」、「君子之德風，小人之德草，草上之風必偃[二]」。能够用人之長是好領導，能够用人之短是超水平的領導，能够用人長短互補制衡矛盾就是聖人在世。它山之石亦有其用，故「君子無所不用其極[三]」，而况於小人乎？！况於毒藥乎？！

[一] 周雖舊邦，其命維新：出自《詩經·大雅·文王》其意指：周朝雖然已經有如此悠久的歷史，但在處理新問題時也會根據具體情况使用新的方法。此語喻指治國理政不能拘泥定法，要隨情况而變審時度勢地制定應對策略。

[二] 君子之德風，小人之德草，草上之風必偃：出自《論語·顏淵》「季康子問政於孔子曰：『如殺無道以就有道，何如？』孔子對曰：『子爲政，焉用殺？子欲善而民善矣。君子之德風，小人之德草。草上之風，必偃。』」。

[三] 君子無所不用其極：出自《禮記·大學》「《詩》曰：『周雖舊邦，其命維新』，是故君子無所不用其極。」。

第二十段　原文及注釋

樵者謂漁者曰：「國家之興亡與夫才之邪正，則固得聞命（固得聞命：如您所説）矣。然則何不擇其人而用之？」

漁者曰：「擇（擇：選擇）臣者，君也；擇君者，臣也。賢愚各從其類而爲，奈何有堯舜之君必有堯舜之臣，有桀紂之君而必有桀紂之臣。堯舜之臣生乎桀紂之世，猶桀紂之臣生於堯舜之世，必非其所用也。雖欲爲禍（爲禍：危害社會）爲福（爲福：造福社會），其能行乎？夫上（上：這裏指君主、統治者）之所好（好：讀hao第四聲，這裏指偏好），下（下：這裏指臣子）必好之。其若影響（影響：在古文中是兩個意思，影是影子、響是響應，後人合起來用，表示對外界產生的效果），豈待驅率（驅率：驅，驅使；率，率領）而然耶？上好義，則下必好義，而不義者遠（遠：被疎遠）矣；上好利，則下必好利，而不利者遠矣。好利者衆則天下日削（日削：日，漸漸的。日削，指社會漸漸被削弱）矣；好義者衆則天下日盛（日盛：日，漸漸的。日盛，指社會逐漸走嚮繁榮）矣。日盛則昌，日削則亡。盛之與削、昌之與亡，豈其遠乎？在上之所好耳。夫治世何嘗無小人，亂世何嘗無君子，不用則善惡何由而行也。」

樵者曰：「善人（善人：按照道義行事的人）常寡，而不善人（不善人：不能按照道義而是按照私欲行事的人）常衆；治世常少，而亂世常多，何以知其然耶？」

曰：「觀之於物，何物不然？譬諸五穀（五穀：原指稻、黍、稷、麥、菽，五種糧食作物。後泛指糧食），耘之（耘之：除去田裏的雜草）而不苗（不苗：莊稼的長勢不好或是根本没有長出來）者有矣。蓬（蓬：蒿草，是農田裏的一種雜草）莠（莠：狗尾草，是農田裏的一種雜草）不耘而猶生，耘之而求其盡也，亦未如之何矣。由是知君子小人之道，有自來矣（關於「君子」與「小人」之道的深入闡述，經典中多有涉及，舉例如下。《周易·繫辭下》：陽卦多陰，陰卦多陽，其故何也？陽卦奇，陰卦偶。其德行何也？陽一君而二民，君子之道也。陰二君而一民，小人之道也；《皇極經世書·觀物篇五十九》：二道對行。何故治世少而亂世多耶？君子少而小人多耶？曰：豈不知陽一而陰二乎。天地尚由是道而生，況其人與物乎。人者，物之至靈者也。物之靈未若人之靈，尚由是道而生，又況人靈於物者乎；）。君子見善則喜之，見不善則遠之；小人見善則疾之，見不善則喜之。善惡各從其類也。君子見善則就之（就之：贊成），見不善則違之（違之：反對）；小人見善則違之，見不善則就之。君子見義則遷（遷：跟從、實行、追求、支持），見利則止（止：謙讓、推辭、迴避、適度）；小人見義則止，見利則遷。遷義則利人，遷利則害人。利人與害人，相去一何遠耶？家與國一也。其興也，君子常多而小人常鮮（鮮：少）；其亡也，小人常多而君子常鮮。君子多而去之者小人也（君子去小人：去，去除之意，此處之本意出自《周易·夬卦》是衆陽合力將陰驅逐之意。反過來，如果衆陰合力也會驅逐陽；《周易・泰・彖》：君子道長，小人道消也；《周易・否・彖》：小人道長，君子道消也）；小人多而去之者，君子也。君子好生，小人好殺。好生則世治；好殺則世亂。君子好義，小人好利。治世則好義，亂世則好利。其理一也。」

第二十段　譯文

樵夫對漁夫說：「國家的興盛與敗亡和人才的邪與正，確實如您所説是息息相關的。既然如此，國家爲什麼不能因才而用人呢？」

漁夫説：「從君主的角度出發，要選擇臣子；從臣子的角度出發，要選擇君主。賢能和愚蠢的人都會各自選擇和自己差不多的一類人爲伍。但世事變化也是各有天命，有堯舜這樣的君主，就必然會有能够輔佐堯舜的臣子；有桀紂那樣的君主，也必然會有能够幫助桀紂的臣子。如果輔佐堯舜的臣子生在桀紂當君主的時代，或者是幫助桀紂的臣子生在堯舜當君主的時代，必然都不能發揮他們的作用。即便他們想危害社會或是造福社會又怎能做得到呢？！君主如果有偏好的事物，臣下必然也會跟從喜好。這種現象的出現，難道還需要人爲的驅使或者率領嗎？！君主崇尚道義，那麼臣下也會跟着崇尚道義，而不道義的人就會被踈遠；君主喜好利益，那麼臣下也會跟着喜好利益，而不喜好利益的人就會被踈遠。在一個社會中，喜好利益的人多了，社會就會日漸衰落；崇尚道義的人多了，社會就會日益强盛。日益强盛則社會繁榮，日益衰弱則社會蕭條。導致社會的强盛與削弱、繁榮與蕭條，難道有很大的不同嗎？祇不過是由於在上位的統治者偏好的不同就會對社會産生如此不同的影響。在相對清平的社會中小人也會存在，在亂世中也有君子存在，如果他們没有被任用，那麼他們的善與惡又怎麼能表現出來呢？！」

樵夫問：「能够按照道義行事的人總是少數的，而按照私欲行事的人纔是社會的大多數；得到很好治理的社會是少數的，而没有被很好治理的社會纔是多數的，這是爲什麼呢？」

漁夫説：「您所説的這種現象，世間何事不是如此呢？！拿農民種五穀來舉例吧，農民辛勤地除去田裏的雜草，但莊稼還不一定就能長得好。田裏的雜草没有人去種它，它自己也生長，農民盡量的想要除去它們，但往往還除之不盡。由此可以看出小人常多、君子常少的道理也和這是一樣的啊！君子見到善的事物就會心生歡喜，見到不善的事物就會主動地疏遠；小人見到善的事物就會心生忌恨，見到不善的事物就會心生歡喜。善與惡都會各自找到自己的同類。君子見到善的事物就會贊成，見到不善的事物就會反對；小人見到善的事物就會反對，見到不善的事物就會贊成。君子見到符合道義的事就會去跟從和支持，見到爭奪利益的事就會推辭和迴避；小人見到符合道義的事就會推辭和迴避，見到爭奪利益的事就會跟從和追求。追求道義就會利益他人，追逐利益就會傷害他人。利益他人和傷害他人的結果相差的是如此之遠啊！這個道理對於家庭和國家都是一樣的。無論家庭還是國家，走嚮興旺的，都是君子保持較多的狀態而小人相對較少；走嚮衰亡的，都是小人處於較多的狀態而君子相對較少。當君子多了，君子的力量就會驅逐小人；當小人多了，小人的力量就會驅逐君子。君子的本性是愛好和珍惜生命的，小人的本性是自私和殘忍的。愛好和珍惜生命的社會風氣占上風，社會就會得到好的治理；自私和殘忍的社會風氣占上風，社會就會混亂和衰落。君子愛好道義，小人愛好利益。治世的社會風氣是愛好道義，亂世的社會風氣是愛好利益。這個道理是一樣的。」

第二十段　探微觀旨

邵子在此詳細解説領導者的重要性。在古代社會中，君臣是社會秩序中最重大的關係，其實無論古今，在社會的各個層級上永遠都有領導與被領導的區分。凡所有靈的生物，由於每個個體本性與天賦能力的不同，必然會分出等級。在每個等級中都有對下「擇臣」和對上「擇君」的問題，選擇的好壞都會決定其所處等級的成敗。邵子舉「上有所好下必甚焉」之例説明當位者如何擇才。對於每一個領導者而言，偏性纔是最重大的致命傷。比「下必甚焉」更致命的是當位者的決策將會失去平衡，而「下必甚焉」其實也是這種失衡的映射。這種特點不僅僅體現在人對人的管理，在人對事、人對物、人對技能各個領域各個層級也都是同理的。古人所説「自天子以至於庶人，一是皆以修身爲本」，落實到具體所修的也就是這個本性，而本性的修行本質就是要減少偏性，減少偏性的根本方法是能够看到更大更全面的整體。當領導者擔負起整體發展的責任，自然會做出減少偏性的選擇，而被領導的群體偏性也會隨之化解。當每一個層級的領導者都保持對更全面整體的敬畏之心，同時擔負起對其所處整體平衡與發展的責任，社會總體也就實現了「擇其人而用之」的理想狀態。

歷史給我們的直觀感受確實是治世少而亂世多，但如果縱整個歷史發展的進程看，其實治亂興替從來都是平衡演進的。造成這種印象的原因，祇是由於人的感情是歡樂易逝痛苦難忘的。那麽邵子爲什麼又感嘆於治世常少呢？其實，他是在總括説明天地大循環的規律與人性本質的衝突所在，責備賢者引以爲戒。

天地運行的大規律就是變化，陰極生陽陽極生陰。天地間唯人最爲靈物。人之靈就在於除了有私欲以外還能以整體觀的方式看待世界和改造世界。而私欲與整體觀就成爲人類這種生物特性中的「陰」與「陽」，當私欲占上風時，世界混亂衰敗；當整體觀占上風時，世界清明昌盛。社會是一個可知但又無法準確描述的東西，但每個人的欲望却是實實在在的，無論何種制度都無法也不應該統一每個個體的需求，所以從每個個體的感受看去，一定是私欲大於整體觀的。這就是邵子比喻的那個「不耘尚且雜草叢生的」人性。古人用君子與小人比喻向公與向私，那麼君子就没有私欲了嗎？小人就完全没有公心嗎？顯然不是的。此陰陽之下再分陰陽，任何一刀切的判斷都是武斷的。那麼問題最終聚焦在，如何讓向公的部分變多，纔能讓社會順應生生不息的天道。中國智慧的解决辦法就是：統治者應當應時而變的運用各種方法，教育社會的每一個成員以整體觀的方式去看待世界，然後倡導每一個社會成員都能各守其分各盡其職，促使每一個社會成員的過度私欲在事實面前自我化解，從而積萬千小成而爲社會大成。《尚書·大禹謨》中所説：「人心惟危，道心惟微，惟精惟一，允執厥中」是歷代聖賢相傳的治世心法。「人心惟危」是説這個世界紛繁複雜變化無常，凡所存在一定有其道理；「道心惟微」是説天道是萬事萬物運行背後的源動力，微妙而深刻；「惟精惟一，允執厥中」是説所有的矛盾與存在都是不可能被消滅的，祇能被平衡而化解。古今中外以至展望未來，祇要人性之私與社會整體發展的矛盾還在，那麼君臣父子各守其分各盡其職的方法就是能够最深刻平衡這種本質社會矛盾的治理辦法，如此也就是邵子所説的：治世、亂世其理一也。

第二十一段　原文及注釋

釣者談已（已：結束），樵者曰：「吾聞古（古：指上古時代）有伏羲（伏羲：華夏民族的人文先祖，三皇之一，是與女媧同爲福佑社稷的正神。楚帛書記載其爲創世神，是中國最早的有文獻記載的創世神。風姓，又名宓羲、庖犧、包犧、伏戲，亦稱犧皇、皇羲，《史記》中稱「伏犧」。伏羲在後世與太昊、青帝等諸神合并，被稱爲「太昊伏羲氏」，亦有青帝太昊伏羲（即東方上帝）之稱。關於「伏羲」還有另一種考證。伏羲爲燧人氏之子，生於成紀，定都在陳地。所處時代約爲舊石器時代中晚期，是中國古籍中記載的最早的王，是中國醫藥的鼻祖之一。相傳伏羲人首蛇身，與女媧兄妹相婚，生兒育女。他根據天地萬物的變化，創造了八卦系統；創造了文字；結束了結繩記事的歷史；他又結繩爲網，教會了人們漁獵的方法；發明琴、瑟，創作樂曲。伏羲稱王一百一十一年以後去世，留下了大量關於伏羲的歷史傳説），今日如覿（覿：讀dí第二聲，當面見到的意思）其面焉。」拜而謝之（拜而謝之：行禮表示恭敬與感謝），及旦（旦：指早晨，太陽升起的時候）而去。

第二十一段　譯文

漁夫把要表達的意思都説完了，樵夫説：「我聽説上古有伏羲氏這樣的聖人，今天見到先生您，就好像是當面見到了那樣的聖人一樣啊！」樵夫嚮漁夫行禮表示恭敬和感謝。他們一直談到天亮纔各自離去。

跋

元韵山房是致力於將中國傳統文化的經典挖掘整理和翻譯傳播的學術團體。多年來，在許多道德高深學養深厚的老師指引之下，元韵山房的研究工作不斷展開和深入，現已在泰國出版泰、英、中三種語言合訂本《漁樵問對注疏（原文注釋及譯文）》（中國王實先生與泰國泰僑燦川先生、徐子浩先生合著）、《孝經注疏》和《梅馨月夜的獨醒·春（四季唐詩選譯）》（泰國蔡瑞芝女士著）、《郭店楚簡選譯》（中國王實先生與泰國泰僑燦川先生合著）、《語道》（泰國泰僑燦川先生與徐子浩先生合著）等書。此次由王實先生重新訂正并主筆闡發的《漁樵問對注疏（原文注釋、譯文及探微觀旨）》在中國的出版得到了許多前輩、老師的支持與鼓勵，在此難以表達我們的感謝於萬一。

當我們請求北京大學哲學系樓宇烈教授對此次注疏提出指導和建議的時候，樓老師以八十九歲高齡仍然堅持審閲稿件，并多次叮囑我們要注意歷史與時空的整體觀、詳審文字的考據、加强資料的收集……老師嚴謹治學、獎掖後學的精神，實在令我輩學之不盡。

中國社會科學院世界宗教研究所的趙法生教授不但是一位在學術上多有建樹的學者，而且多年來深入基層爲中國傳統思想體系落實到社會實踐之中做了大量具體而實在的工作。趙教授也一直關心和支持我們的研究并爲本書作序，在此感謝趙教授的鼓勵與支持。

康默如先生是中國國家博物館研究館員，更是一位學養深厚的文化大家、書法家、篆刻家，當我們邀請康老師爲這本書題寫書名并篆刻印章的時候，康先生首先認真地了解了我們所寫書籍的内容并特地前往國家圖書館調閱了歷代此書的出版底本加以研究，以求達到書法表現與文章内涵的相得益彰。然後又反復斟酌印章的底稿，力求古韵新意。康老師還多次叮囑我們要注意文字的考據與譯文的準確。對康先生嚴謹的治學態度和對藝術的體察精微，我們深表敬佩并致謝忱；

鄭偉立先生是一位對中國文化非常崇敬的泰國華僑、企業家，在本書出版的過程中給予我們物質的幫助與精神上的鼓勵，在此我們深表謝意。

在此書的出版過程中，英文翻譯與審定Patummawadee Kulwattanapaisarn先生、高原女士、泰文翻譯與審定蔡瑞芝女士、歐陽青女士和書法家梁柯寧先生、以及文物出版社的各位老師都給予了我們熱情的幫助，對他們辛苦的付出，我們表示最誠摯的感謝！

中國文化的經典意藴深厚博大精深，雖然在許多老師前輩的指導之下我們努力地去尋找歷史原本、探索文化深意，但囿於學識閱歷有限，定會有不足與踈漏之處，還望諸位同仁多多指教、批評。僅此，願與諸君以文會友，體道修身！

癸卯仲夏

元韵山房全體同仁

附录

Professor Zhao Fasheng's Preface

"A Dialogue between the Fisherman and the Woodcutter" was written by Shao Yong, a Chinese philosopher of Northern Song Dynasty who lived during 1011-1077 A.D. in the reign of Emperors Song Zhenzong, Song Renzong, Song Yingzong and Song Shenzong. Shao Yong's courtesy name was Yaofu. He was also known as "Kangjie", a name given by the emperor. He resided in Gongcheng county (located in the northeast of Mi county, now Henan province). According to Chinese history, Shao Yong was proficient in the ancient text "Zhouyi" and his prophecy fulfilled as if he was God's messenger. He was close friends with the great thinkers at that time such as Sima Guang, Fu Bi, Wen Yanbo, Zhou Dunyi, Zhang Zai, Cheng Hao, Cheng Yi, etc. Sima Guang and about 20 of his friends gathered money and bought a house in Luoyang for Shao Yong. He named this house "The Nest of Peace". This place was where he and other scholars had talks and exchanged stories with other visitors.

Shao Yong was one of the five famous scholars of Northern Song Dynasty who represented the approach called image-number school (Xiangshuxuepai). His masterpiece works included the books called "Huangjijingshi", "Jirangji" and "A Dialogue between the Fisherman and the Woodcutter". "Guanwu Neipian and Guanwu Waipian" in the book "Huangjijingshi" was considered as his philosophical masterpiece. He created one huge and systematic universe space-time perspective based on the ancient text "Zhouyi" and the syncretism of Confucianism, Taoism, and Buddhism. Furthermore, he proposed the theory that "Yuan Hui Yun Shi" was the cycle of universe space-time and the history as cycle called "Huang Di Wang Ba" then use it to explain all the phenomena in the universe. These concepts had important influence on Chinese thought. Moreover, the book "A Dialogue between the Fisherman and the Woodcutter" was composed from a holistic approach to understand the universe and the space-time. It can be said that the book contained the essence of Shao Yong's thought.

"A Dialogue between the Fisherman and the Woodcutter" is a book that explains the concepts of Yin Yang, namely the origin and the operational laws of the universe and all things. Furthermore, the book has exhibited the secret of how human beings live their lives in accordance with nature. The main principle of this book is "When the way of heaven and earth lies in human, the way of all things is in human bodies, the way of all excellence is in spirit, then the factors of possibility will be ready". This was the statement that Shao Yong used in his writing to express the profound concepts of the relationship between nature and human beings. The main character in the book is the fisherman. The woodcutter is the one who asks questions and listens to the answers. All main philosophical principles were spoken from the fisherman who was the avatar of "Tao" (The principle of nature). This book is included in many records of historical evidence such as series "Baichuan Xuehai" by Zuo Gui of Song Dynasty, "A Collection of Shao Yong" complied by XuBida of Ming Dynasty, "Song Yuan Xuean" by Huang Zongxi of Late Ming and Early Qing Dynasty, and Complete Collection in Four Treasuries of Qing Dynasty.

Wang Shi, the author of this book had researched "A Dialogue between the Fisherman and the Woodcutter" thoroughly for many years and explained the theories of "Zhouyi" objectively, precisely and appropriately as well as the explanations of words in ancient books. To assist understanding he cited many ancient texts in the writing of manuscript of this book. This undoubtedly demonstrates the author's solid and profound knowledge of the subject. In 2021, Wang Shi explained and annotated the book "A Dialogue between the Fisherman and the Woodcutter" in modern Chinese, Chatchol Thaikheaw completed the part in Thai language, and Nabodee Na Thalang completed the part in English, then the book was published in Thailand. Now Wang Shi revised and collated the explanation and annotation of the book. Furthermore, he dug out the main idea behind the text with his observing, thinking, feeling and practicing after many years of research to expound the true essence of ancient Chinese classics once expressed by Shao Yong with easy language for modern Chinese people to understand. Such priceless work is truly admirable. It is believed that the publication of this book will definitely contribute to the study of "A Dialogue between the Fisherman and the Woodcutter" and the promotion and development of ancient Chinese cultures.

Zhao Fasheng

26 May 2023

Introduction of Professor Zhao Fasheng:

Dr. Zhao Fasheng, Researcher at the Institute of World Religions, Chinese Academy of Social Sciences, Director of the Confucian Research Office. He published academic monographs: "The Origin of Confucian Transcendental Thought", "Primitive Confucian Theory of Human Nature". He was Editor in Chief of "Popular Confucian Classics Series". He also published over 60 academic papers on: "Philosophical Research", "World Religious Studies" and "Literature, History, and Philosophy".

คำนิยม

ศาสตราจารย์จ้าว ฝ่าเซิง

"บทสนทนาของคนหาปลาและคนตัดฟืน" ประพันธ์โดยเซ่า ยง นักปรัชญาสมัยราชวงศ์ซ่งเหนือ มีชีวิตในช่วง ค.ศ. ๑๐๑๑-๑๐๗๗ ตรงกับรัชกาลของจักรพรรดิซ่งเจินจง ซ่งเหรินจง ซ่งยิงจงและซ่งเสินจง เซ่า ยงมีชื่อรองว่าเหยาฟู ทั้งยังได้รับพระราชทานสมัญญานามว่า คังเจี๋ย เป็นชาวเมืองก้งเฉิง (อยู่ทางตะวันออกเฉียงเหนือของอำเภอมี่เซี่ยน มณฑลเหอหนานในปัจจุบัน) ตามประวัติศาสตร์ระบุว่าเซ่า ยงเชี่ยวชาญในคัมภีร์ "อี้จิง" ทำนายแม่นยำราวเทวดา ทั้งสนิทสนมกับปัญญาชนผู้โด่งดังในยุคนั้น อาทิ ซือหม่ากวาง ฟู่ปี้ เหวินเหยียนป๋อ โจวตุนอี๋ จางไจ่ เฉิงเฮ่า เฉิงอี๋ เป็นต้น ซือหม่ากวางและมิตรสหายอีก ๒๐ กว่าคนเคยรวบรวมเงินซื้อบ้านสวนในเมืองลั่วหยาง ให้เขาพำนัก ซึ่งเขาตั้งชื่อว่า "รังสันติสุข" โดยเป็นสถานที่สนทนาแลกเปลี่ยนเรื่องราวต่างๆ กับแขกผู้มาเยือนเสมอ

เซ่า ยงนับว่าเป็นปราชญ์คนหนึ่งในบรรดาห้าปราชญ์แห่งราชวงศ์ซ่งเหนือ เป็นบุคคลที่เป็นตัวแทนแห่งกลุ่มแนวคิดลักษณ์เลข (象數派) โดยมีผลงานประพันธ์ที่สำคัญ ได้แก่ ตำราหวงจี๋จิงซื่อ ตำราจีหร่างจี๋ หนังสือบทสนทนาของคนหาปลาและคนตัดฟืนเป็นต้น ทั้งนี้ บทกวานอู้เน่ยเพียนและกวานอูไว่เพียน ในตำราหวงจี๋จิงซื่อถือว่าเป็นผลงานด้านแนวคิดปรัชญาที่โดดเด่น โดยอาศัยคัมภีร์อี้จิงเป็นพื้นฐาน ผสานแนวคิดจากลัทธิหยู ลัทธิเต๋า และศาสนาพุทธ ประกอบสร้างขึ้นเป็นองค์ความรู้ด้านจักรวาลวิทยาอันยิ่งใหญ่ นำเสนอทฤษฎีวัฏฏะแห่งจักรวาลที่เรียกว่า "หยวนฮุ่ยอวิ้นซื่อ" และทัศนะในการมองประวัติศาสตร์เป็นวงจรของ "หวง ตี้ หวาง ป้า" เพื่อที่จะอธิบายปรากฏการณ์ต่างๆ ในจักรวาล ซึ่งทรงอิทธิพลสำคัญในประวัติศาสตร์ความคิดของจีน ส่วนหนังสือบทสนทนาของคนหาปลาและคนตัดฟืนนี้ เซ่า ยงใช้รูปแบบการสนทนามาแสดงแนวคิดหลักว่าด้วยองค์รวมเชิงเวลาและพื้นที่ของจักรวาล กล่าวได้ว่าเป็นแก่นแท้แนวคิดตลอดชีวิตของเซ่า ยง

บทสนทนาถามตอบระหว่างคนหาปลาและคนตัดฟืนเป็นการอธิบายหลักแห่งยินหยางที่ให้กำเนิดและจัดสรรจักรวาลและสรรพสิ่งทั้งยังเผยความลับในการดำเนินชีวิตของมนุษย์ให้สอดคล้องกับธรรมชาติ หัวใจสำคัญของหนังสือเรื่องนี้อยู่ที่ "เมื่อวิถีแห่งฟ้าดินมีพร้อมอยู่ในคน วิถีแห่งสรรพสิ่งมีพร้อมอยู่ในกาย วิถีแห่งความเลิศล้ำทั้งปวงมีพร้อมอยู่ในพลังศักดิ์สิทธิ์ ปัจจัยแห่งความเป็นไปได้จึงพร้อมสรรพ" ซึ่งเป็นข้อความที่เซ่า ยงใช้สะท้อนแนวคิดอันล้ำลึกเรื่องความสัมพันธ์ระหว่างธรรมชาติกับมนุษย์ ตัวละครหลักในหนังสือคือคนหาปลา โดยมีคนตัดฟืนเป็นผู้ตั้งคำถามและผู้สดับรับฟัง หลักปรัชญาทั้งมวลล้วนออกจากปากของคนหาปลาผู้ซึ่งเป็นอวตารของ "เต้า" (หลักธรรมชาติ) นั่นเอง หนังสือเรื่องนี้มีบันทึกอยู่ในหลักฐานทางประวัติศาสตร์หลายเล่ม เช่น สารานุกรมไป่ชวนเสวียไห่ ของจั่วกุย แห่งราชวงศ์ซ่ง ประมวลผลงานเซ่า ยงของสีว์ ปี้ต๋า แห่งราชวงศ์หมิง ปริทรรศน์สรรพศาสตร์ราชวงศ์ซ่งและหยวนของหวง จงซี สมัยปลายราชวงศ์หมิงต้นราชวงศ์ชิง และ ประมวลบทคัดย่อหนังสือหอสมุดหลวงทั้งสี่หมวดในสมัยราชวงศ์ชิง

คุณหวาง สือ ซึ่งเป็นผู้เขียนของหนังสือเล่มนี้ ได้ศึกษาหนังสือ อรรถาธิบายบทสนทนาของคนหาปลากับคนตัดฟืนมาหลายปี ได้รับอรรถาธิบายของตัวอักษรและความเข้าใจอธิบายของทฤษฎีอย่างภววิสัยและถูกต้องแม่นยำในการทำความเข้าใจผ่านการตรวจสอบทางภาษาและสังเคราะห์ข้อมูล เขาอ้างอิงเอกสารโบราณจำนวนมากเพื่อเขียนอรรถาธิบายต้นฉบับที่ละเอียดพิสดารให้กระจ่างหมดจด สิ่งนี้แสดงให้เห็นถึงความรู้อันลุ่มลึกของผู้เรียบเรียง ในปีค.ศ. ๒๐๒๑ คุณหวาง สือ ได้แปลหนังสือต้นฉบับอรรถาธิบายบทสนทนาของคนหาปลากับคนตัดฟืนเป็นฉบับภาษาจีนสากลในปัจจุบัน คุณชัชชล ไทยเขียวกับ คุณณบดี ณ ถลางจากประเทศไทยได้แปลให้เป็นฉบับภาษาไทยกับภาษาอังกฤษ และได้ตีพิมพ์ที่ประเทศไทยอีกด้วย บัดนี้ คุณหวาง สือ ได้ตรวจสอบแก้ไขและเรียบเรียงบทการแปลและคำอธิบายอีกครั้ง รวมถึงรวบรวมการศึกษานึกคิดในหลายปีมานี้ และสามารถสำรวจจากสิ่งเล็กให้เข้าถึงวัตถุประสงค์ใช้ภาษาที่คนยุคปัจจุบันสามารถเข้าใจสาระแห่งวิถีวัฒนธรรมจีนโบราณที่คุณเซ่า ยง แสดงไว้ ข้อนี้ยิ่งน่าชื่นชม เราเชื่อว่าการตีพิมพ์ของหนังสือเล่มนี้ จะยังประโยชน์ต่อการศึกษาวิจัยหนังสืออรรถาธิบายบทสนทนาของคนหาปลากับคนตัดฟืน และต่อการเผยแพร่และพัฒนาวัฒนธรรมจีนโบราณต่อไป

จ้าว ฝ่าเซิง

วันที่ ๒๖ พฤษภาคม ค.ศ.๒๐๒๓

Vilit Techapaibul's Forward

China's ancient culture has been considered as a great treasure in Central Asia for more than 5000 years. This treasure trove not only belongs to the Chinese people, but is also the common wisdom of the entire Asian people, and in the 21st century we should discover from this treasure trove the eternal rules of human development and provide cultural support for the development of Asia and the world today.

With modern technology which helps to link the whole world together, the keys to developing the world in the future are communication and collaboration via cultures of people from different ethnic groups. The communication and collaboration of various national cultures will be the theme of future world development, and all human races should learn from accomplished cultures of various countries with a holistic vision, so as to promote the peaceful interaction and development of the world.

I am the third generation of Thai of Chinese origin. My ancestors came from Chaozhou City Guangdong province in China. My grandfather has started up many types of businesses in Thailand. As the family grew and grew, he always taught his children and grandchildren to pass on the culture of our ancestors and to be thankful for the land we live on, so my grandfather always tried to create public welfare causes for the community. For example, my family was an important participant in the establishment of the Por Teck Tung Foundation.

Thailand has inherited a variety of profound cultures.Thailand's important geographic location in Southeast Asia has determined that it will play a vital role in the development of Asia as a whole. Thai royal family was kind to the Thai of Chinese origin and allowed them to stay under royal protection. Thailand has been developing peacefully and gracefully. The growth of Techapaibul's family is what supports my idea that the key to Chinese cultures is peace and respect. The principles of Thai and Chinese cultures are similar. As China develops, Thai people are constantly interested in Chinese cultures. There have been a lot of high-level cultural exchange programs recently. Over the past few years, I witnessed several Sino-Thai cultural exchange programs which were organized among Chatchol Thaikheaw, Piyamas Suppaweerawong, Nabodee Na Thalang, and Wang Shi whose deep understanding of ancient Chinese culture and rigorous work attitude greatly impressed me. Knowing that Mr. Wang Shi will annotate and explain the book "Dialogue between the Fisherman and the Woodcutter" which is one of the vital academic works in Chinese history and the publishing plan, I am so grateful to have the opportunity to discuss this valuable project. Even though it was just a little talk, it was such an honor for me and my family.

On this occasion I hope that the exchange of Thai and Chinese cultures will be strengthened so that it will contribute to better collaborative relationships between the two countries. Also, I wish the friendship between both countries will last forever from generation to generation onwards.

Vilit Techapaibul

May 2023

คำนิยม

วิลิต เตชะไพบูลย์

วัฒนธรรมโบราณของจีนที่มีความเป็นมากว่าห้าพันปีบนใจกลางทวีปเอเชียคือคลังสมบัติยิ่งใหญ่ไพศาลซึ่งไม่เพียงเป็นของประชาชนชาวจีนเท่านั้น หากยังเป็นผลึกภูมิปัญญาร่วมกันของชาวเอเชีย ปัจจุบันในศตวรรษที่๒๑นี้ พวกเราควรร่วมกันค้นหาแนวทางยั่งยืนเพื่อพัฒนามนุษยชาติและสดมภ์ค้ำยันวัฒนธรรมเพื่อส่งเสริมการพัฒนาเอเชียตลอดจนโลกนี้จากคลังสมบัติดังกล่าว ภายใต้การขับเคลื่อนของเทคโนโลยีสมัยใหม่ โลกในยุคปัจจุบันผสานกันเป็นองค์รวม หัวข้อหลักในการพัฒนาโลกอนาคตคือการสื่อสารและร่วมมือกันทางวัฒนธรรมระหว่างผู้คนแต่ละชาติพันธุ์ ผู้คนที่แตกต่างชาติพันธุ์ควรเรียนรู้วัฒนธรรมที่โดดเด่นของแต่ละประเทศด้วยวิสัยอย่างเป็นองค์รวม ทั้งนี้เพื่อส่งเสริมปฏิสัมพันธ์และพัฒนาการเชิงสันติภาพของโลก

ผมในฐานะที่เป็นชาวไทยเชื้อสายจีนนับเป็นรุ่นที่สาม โดยมีบรรพบุรุษที่มาจากเมืองแต้จิ๋วมณฑลกวางตุ้งของจีน คุณปู่ได้ริเริ่มธุรกิจหลากหลายประเภทในประเทศไทยจนขยายเครือญาติลูกหลานมากมาย ท่านมักจะสอนลูกหลานให้สืบทอดวัฒนธรรมจากบรรพชน ทั้งต้องสำนึกบุญคุณของแผ่นดินที่อาศัย ดังนั้นคุณปู่จึงทำงานด้านสาธารณกุศลแก่สังคมไทย เช่น การก่อตั้งมูลนิธิปอเต็กตึ๊ง ซึ่งเครือญาติในตระกูลมีส่วนร่วมสำคัญในการดำเนินงาน จนได้รับการยอมรับอย่างกว้างขวางว่าเป็นองค์กรที่ช่วยเหลือสังคมมาโดยตลอด

ประเทศไทยเป็นประเทศที่มีวัฒนธรรมสืบทอดลึกซึ้งและหลากหลาย การที่ตั้งอยู่ในพิกัดภูมิศาสตร์สำคัญในภูมิภาคเอเชียตะวันออกเฉียงใต้ เป็นปัจจัยกำหนดให้ประเทศไทยมีบทบาทสำคัญต่อการพัฒนาทวีปเอเชีย พระบรมวงศานุวงศ์ของไทยต่างทรงมีพระมหากรุณาธิคุณต่อชาวไทยเชื้อสายจีนที่มาพึ่งพระบรมโพธิสมภาร การพัฒนาประเทศไทยดำเนินไปอย่างสันติและโอบรับ ผมตระหนักว่าแก่นของวัฒนธรรมจีนนั้นคือสันติและการให้เกียรติร่วมกัน เมื่อประเทศจีนเติบโตขึ้นโดยสันติ

ประชาชนชาวไทยยิ่งเพิ่มความสนใจต่อวัฒนธรรมจีนอย่างต่อเนื่อง และระหว่างจีนกับไทยได้จัดกิจกรรมแลกเปลี่ยนวัฒนธรรมระดับสูงมากมาย หลายปีมานี้ ในกิจกรรมการแลกเปลี่ยนวัฒนธรรมที่ผมได้ไปเข้าร่วมนั้น ผมประทับใจรูปแบบวิธีการทำงานอย่างแข็งขันและการเข้าใจอย่างลึกซึ้งที่มีต่อวัฒนธรรมจีนของ คุณหวาง สือ ของประเทศจีน และ คุณชัชชล ไทยเขียว คุณณบดี ณ ถลางและ คุณปิยะมาศ สรรพวีรวงศ์ ซึ่งเป็นคนไทยเชื้อสายจีนจากประเทศไทย เมื่อผมได้ข่าวว่า คุณหวาง สือ จะตีพิมพ์จำหน่ายหนังสืออธิบายบทสนทนาคนหาปลาและคนตัดฟืนฉบับหมายเหตุซึ่งเป็นหนังสือที่สำคัญในประวัติศาสตร์จีนนั้น ก็อยากเป็นกำลังเสริมให้กับภารกิจที่มีคุณค่าชิ้นนี้ และถือว่าเป็นเกียรติอย่างสูงอีกด้วย ด้วยเหตุนี้ หวังว่าการแลกเปลี่ยนทางวัฒนธรรมไทย-จีนจะลึกซึ้งยิ่งขึ้น มิตรไมตรีระหว่างประชาชนทั้งสองประเทศจะดำรงคงอยู่ยืนนานจากรุ่นสู่รุ่น

วิลิต เตชะไพบูลย์

พฤษภาคม ค.ศ.๒๐๒๓

Final Remarks

Origin of Resonance is a scholarly organization dedicated to the excavation, translation and dissemination of the classics of traditional Chinese culture. In recent years with the recommendation of many moral and wise instructors, the work of Origin of Resonance has become insightful and well-known. Now we have published the books as follows: 1) Original Annotations and Translation of "Dialogue between the Fisherman and the Woodcutter" written in three languages (Chinese, Thai, and English) by Wang Shi, Chatchol Thaikeaw and Nabodee Na Thalang, 2) The Bamboo Texts of Guo Dian, Chinese Philosophy's Roots from a Warring States-period Tomb by Wang Shi and Chatchol Thaikeaw, 3) Yudao, a selection of scholars' teaching from the classroom of Origin of Resonance by Chatchol Thaikeaw and Nabodee Na Thalang, 4) Annotations of "Xiaojing" and the collection of poems from Tang dynasty "Selection of Tang Poems : Spring by Piyamas Suppaweerawong. However, the book "Chinese Annotations and Philosophical Interpretation of 'Dialogue between the Fisherman and the Woodcutter'", revised and written in Chinese language by Wang Shi to publish in China received so much encouragement and support from many experts that words cannot adequately express our deep gratitude.

When we seek the opinions and recommendations to write this book from Lou Yulie, a professor of the department of Philosophy from Beijing University, he was very supportive. At the age of 89 he still willingly read the manuscript. He also urged us to pay attention to a holistic view of history and space-time, to scrutinize textual evidence, and to strengthen the collection of data. ...... His soul of research and support provided to the next generation of researchers are very valuable and worth being followed.

Professor Zhao Fasheng is from the Institute of World Religious Research, Chinese Academy of Social Sciences whose academic works have been not only successful but also practical. In recent years his academic works have brought the ideas of ancient China to practicality. He always pays attention and gives support to our research. Finally, he kindly wrote the preface for this book. Hence, I would like to express my gratitude for his kindness.

Mr. Kang Moru is a researcher from National Museum of China and also a cultural scholar, a calligrapher and a seal carver. When we invited Mr. Kang to write the title of this book and carve a seal for it, he studied the content of this book and researched many editions of manuscripts from the National Library of China so that his work could properly reflect the content of this book. Apart from the splendid seal which was carved with the combination of modern and traditional technique, he kindly gave suggestions concerning accuracy of the texts and their explanations and translations. We deeply admire and thank Mr. Kang for his rigorous attitude and his understanding of art.

Mr. Vilit Techapaibul is an academician and a businessman who has a deep passion for Chinese cultures. He gave a lot of encouragement and support in the publication process. Origin of Resonance would like to express our deepest thanks to him.

In the process of publishing this book, Ms. Piyamas Suppaweerawong and Ms. Ouyang Qing, Thai translators, Mr. Patummawadee Kulwattanapaisarn and Mrs. Gao Yuan, English translators, Mr. Liang Kening, an artist who designs the letters, and Cultural Relics Publishing House, all given us enthusiastic help, for their hard work, we would like to express our most sincere thanks!

The connotation of Chinese culture classics is profound and wide-ranging. Although we have worked hard under the guidance of many teachers and predecessors to find the historical origin and explore the deeper meaning of the culture, due to our limited knowledge and experience, there are bound to be inadequacies and omissions. We hope our colleagues will give suggestions and comments about this book. Lastly, we hope that we can make friends with all of you through literature and become better versions of ourselves through Taoism!

In the middle of the summer 2023

All colleagues of Origin of Resonance

บทส่งท้าย

สำนักหยวนอวิ๋นซานฝางเป็นองค์กรวิชาการที่มุ่งมั่นค้นคว้าเรียบเรียงและดำเนินการแปลอมตะด้านวัฒนธรรมจีนโบราณ หลายปีมานี้ ภายใต้คำแนะนำของคณาจารย์ผู้ทรงคุณธรรมและคุณวุฒิ การดำเนินงานของสำนักหยวนอวิ๋นซานฝางจึงลึกซึ้งและกว้างขวางยิ่งขึ้น ปัจจุบันได้ตีพิมพ์หนังสือรายการต่างๆในประเทศไทย ต่อไปนี้อรรถาธิบายเชิงปรัชญาจีน"บทสนทนาของคนหาปลาและคนตัดฟืน" (คำอธิบายต้นฉบับและบทการแปล) ฉบับร่วมเล่มจัดทำเป็น ๓ ภาษา ไทย อังกฤษและจีน โดย คุณชัชชล ไทยเขียว คุณณบดี ณ ถลางจากประเทศไทยและ คุณหวาง สือจากประเทศจีนอรรถาธิบาย “คารวธรรมคัมภีร์”กับประมวลกวีนิพนธ์สมัยราชวงศ์ถัง “ตื่นลำพังคืนเหมยรำเพย” (เล่มหนึ่ง ฤดูใบไม้ผลิ) โดย คุณปิยะมาศ สรรพวีรวงศ์ อนึ่งจากประเทศไทย) จารึกม้วนไม้ไผ่กัวเตี้ยน รากปรัชญาจีนจากสุสานสมัยจ้านกั๋ว โดย คุณชัชชล ไทยเขียว จากประเทศไทยและ คุณหวาง สือจากประเทศจีน “อี่ว์เต้า” ประมวลคำสอนปราชญาจารย์ในห้องเรียนสำนักหยวนอวิ๋นซานฝาง โดย คุณชัชชล ไทยเขียวและ คุณณบดี ณ ถลางจากประเทศไทย เป็นต้น หนังสืออรรถาธิบายเชิงปรัชญาจีน “บทสนทนาของคนหาปลาและคนตัดฟืน” (คำอธิบายต้นฉบับ บทการแปลและบทการวิเคราะห์)ที่ตรวจสอบและเรียบเรียงบทแปลและอรรถาธิบายใหม่โดยคุณหวางด้วยตัวเองอีกครั้ง เพื่อเผยแพร่ในประเทศจีนในครั้งนี้ได้รับกำลังใจและการสนับสนุนจากผู้ทรงคุณวุฒิจำนวนมากจนมิอาจพรรณนาความรู้สึกขอบคุณได้หมดสิ้น

เมื่อทางสำนักฯ ขอความเห็นและคำแนะนำจากท่านโหลว อี่ว์เลี่ย ศาสตราจารย์ประจำภาควิชาปรัชญาแห่งมหาวิทยาลัยปักกิ่งในการเรียบเรียงหนังสือเล่มนี้ แม้นในวัยอันสูงถึง ๘๘ ปีท่านยังกรุณาอย่างยิ่งในการอ่านต้นฉบับ พร้อมทั้งกำชับให้ใส่ใจในภาพรวมของประวัติศาสตร์เชิงเวลาและพื้นที่ ตรวจสอบความถูกต้องระดับตัวอักษร ตลอดจนรวบรวมข้อมูลให้มาก จิตวิญญาณความเคร่งครัดในการศึกษ

าวิจัยและการสนับสนุนนักวิจัยรุ่นหลังของท่านนั้นควรค่าอย่างยิ่งต่อการน้อมนำมาปฏิบัติตาม

ศาสตราจารย์จ้าวฝ่าเซิงแห่งหน่วยวิจัยศาสนาโลก สถาบันวิจัยสังคมศาสตร์และวิทยาศาสตร์แห่งประเทศจีน (Chinese Academy of Social Sciences) ผู้ซึ่งไม่เพียงเป็นนักวิชาการผู้ประสบความสำเร็จเชิงวิชาการมากมาย ทั้งยังมีผลงานการนำระบบความคิดจีนโบราณสู่การปฏิบัติจริงในสังคมอันเป็นที่ประจักษ์ในช่วงหลายปีที่ผ่านมา ท่านใส่ใจและสนับสนุนการค้นคว้าวิจัยของสำนักฯ มาโดยตลอด ทั้งได้กรุณาเขียนคำนิยมแก่หนังสือเล่มนี้ จึงขอแสดงความขอบคุณไว้ ณ ที่นี้

คุณคัง โม่หรู นักวิจัยประจำพิพิธภัณฑสถานแห่งชาติจีน เป็นทั้งศิลปินด้านลิปิศิลป์และแกะสลักตราประทับ ก่อนที่ท่านจะตอบรับเขียนชื่อหนังสือและแกะตราประทับให้แก่หนังสือเล่มนี้ ท่านได้ศึกษาเนื้อหาของหนังสือและยังค้นคว้าต้นฉบับหนังสือเล่มนี้ที่ตีพิมพ์ในแต่ละยุคที่เก็บรักษาในหอสมุดแห่งชาติ เพื่อจะเขียนและสลักอักษรให้มีศิลปะสอดคล้องกับเนื้อหาภายใน จากนั้นได้ขัดเกลาต้นร่างตราประทับให้มีลีลาโบราณผสานสมัยใหม่หลายต่อหลายครั้ง ท่านยังแนะนำให้ตรวจสอบแหล่งที่มาและวิวัฒนาการอักษรและความถูกต้องในการแปล สำนักฯ จึงขอแสดงความขอบคุณและความนับถือต่อทัศนคติทางวิชาการและความละเอียดอ่อนทางศิลปะของท่าน

คุณวิลิต เตชะไพบูลย์เป็นนักวิชาการและนักธุรกิจชาวไทยที่มีความสนใจลุ่มลึกในวัฒนธรรมจีน ท่านให้กำลังใจและการสนับสนุนอย่างสำคัญในกระบวนการการจัดพิมพ์หนังสือเล่มนี้ ทางสำนักฯ ขอขอบคุณท่านเป็นอย่างสูง

ในกระบวนการจัดพิมพ์หนังสือเล่มนี้ ได้รับความช่วยเหลืออย่างเต็มที่จาก คุณปทุมมาวดี กุลวัฒนะไพศาล คุณเกา หยวน ผู้แปลภาษาอังกฤษและผู้ตรวจภาษาอังกฤษ คุณปิยะมาศ สรรพวีรวงศ์ คุณโอหยางชิง ผู้แปลภาษาไทยและผู้ตรวจภาษาไทย คุณเหลียง เคอหนิง ลิปิศิลปิน และ สำนักพิมพ์โบราณวัตถุ ล้วนมอบน้ำใจและความช่วยเหลือ สำนักฯ ขอขอบคุณอย่างจริงใจสำหรับความเหน็ดเหนื่อยของทุกท่าน

นัยยะอันเป็นอัตลักษณ์ของวัฒนธรรมจีนนั้นลึกซึ้งและกว้างขวาง แม้นจะได้รับการชี้แนะจากผู้ทรงคุณวุฒิอาวุโสทั้งหลายให้ค้นคว้าข้อมูลปฐมภูมิทางประวัติศาสตร์ สืบเสาะความหมายแฝงทางวัฒนธรรม ทว่าด้วยความรู้และประสบการณ์อันจำกัดของเราย่อมมีข้อบกพร่องและผิดพลาด หวังว่าจะได้รับคำแนะนำแ

ละวิจารณ์จากทุกท่าน สุดท้ายนี้ หวังว่าท่านจะเป็นสหายอักษรที่บำเพ็ญเต้า (道 หลักธรรมชาติ) ร่วมกันต่อไป

กลางฤดูร้อน ค.ศ.๒๐๒๓

เพื่อนร่วมงานทั้งบวลของสำนักหยวนอวิ้นซานฝาง